LITERATOUREN
DURCH BRANDENBURG

ROLF SCHNEIDER
THERESE SCHNEIDER

LITERATOUREN DURCH BRANDENBURG

Ausflüge auf den Spuren von Dichtern und Schriftstellern

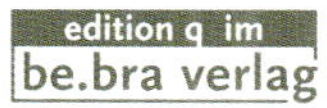

Bibliografische Information der Deutschen Nationalbibliothek
Die Deutsche Nationalbibliothek verzeichnet diese Publikation in der Deutschen Nationalbibliografie; detaillierte bibliografische Daten sind im Internet über http://dnb.d-nb.de abrufbar.

KulturBrauerei Haus 2
Schönhauser Allee 37, 10435 Berlin
post@bebraverlag.de
Lektorat: Marijke Topp, Berlin
Umschlag: hawemannundmosch, Berlin
Innengestaltung und Satz: Therese Schneider, Berlin
Bildbearbeitung: Leopold Hoepner
Schrift: Swift 9,2/12,5 pt
Druck und Bindung: Westermann Druck, Zwickau
ISBN 978-3-86124-705-0

www.bebraverlag.de

Inhalt

Vorwort 7

1 Das Leben gleicht einem Gastmahl 10
Theodor Fontane und Neuruppin

2 Neue Erde aus alter Kruste 20
Friedrich Wolf und Lehnitz

3 Schlecht beschirmt von Büchern 30
Bertolt Brecht und Buckow

4 Mann des Krieges, Mann des Friedens 40
Bad Freienwalde und Walther Rathenau

5 Des Künstlers Meißel 50
Heinrich von Kleist und Frankfurt/Oder

6 Wanderungen und Beobachtungen 62
Gerhart Hauptmann und Erkner

7 Moralische Instanz 72
Franz Fühmann und Märkisch-Buchholz

8 Finanzielle Verlegenheit 80
Fürst Pückler und Branitz

9 Glaube und Dichtung 90
Paul Gerhardt und Lübben

10 In der Sandheide 98
Erwin Strittmatter und Bohsdorf

11 Cowanj heißt Traum 108
Mina Witkojc und Burg (Spreewald)

12 Ein schreibendes Ehepaar 118
Achim von Arnim, Bettina von Arnim und Wiepersdorf

13 Vogel ohne Flügel 128
Roger Loewig und Bad Belzig

14 Das Versailles von Berlin 138
Schriftsteller und Potsdam

15 Langsam dreht sich das Jahr ins Licht 156
Peter Huchel und Wilhelmshorst

16 Waldmops 166
Loriot und Brandenburg an der Havel

17 Hier war es ruhig 178
Kurt Tucholsky und Rheinsberg

Übersichtskarte 188

Quellen 190

Autoren 191

Danksagung

Einführung

Die Mark Brandenburg ist eine reiche Literatur- und Literatenlandschaft. Dies kann zweierlei bedeuten: dass zahlreiche Literaten hier lebten, wie auch, dass die Mark gerne zum Gegenstand der schönen Literatur wurde und wird. Das eine muss mit dem anderen nicht zwingend zu tun haben.

Die Quitzowschen schwuren einen Eid:
»Wir machen ihm das Land zu leid«
Und dazu waren sie wohl bereit
Mit ihrem Ingesinde.

Mit diesem Vierzeiler beginnt eine Ballade, die im 15. Jahrhundert ein Dichter namens Niklaus Uppschlacht erdachte. Die Quitzows, von denen die Rede ist, waren ein altes märkisches Adelsgeschlecht, das sich durch Raubzüge hervortat; dem vom Kaiser geschickten neuen Landesherrn Friedrich von Hohenzollern leisteten sie erbitterten Widerstand, bis sie unterlagen.

Uppschlachts Ballade ist ein frühes Zeugnis von schöner Literatur aus der und über die Mark Brandenburg. Die Quitzows kommen belletristisch noch anderswo vor, so in einem früher viel gespielten Bühnenstück des Dramatikers Ernst von Wildenbruch aus dem Jahr 1888 oder in einem Roman von Karl May: »Der beiden Quitzows letzte Fahrten«.

Politische Geschichte ist ein wesentliches Thema der schönen Literatur über die Mark. Das gilt vornehmlich für das 19. Jahrhundert.

Nun hat der Historienroman in Deutschland keinen besonders guten Ruf, trotz Lion Feuchtwanger oder »Henri Quatre« von Heinrich Mann. Der Schriftsteller Günter de Bruyn, der als Romancier begann, widmet sich seit einem Vierteljahrhundert der märkischen Geschichte und tut dies ausschließlich in Sachbüchern. Dies beginnt mit »Mein Brandenburg« von 1993 und setzt sich fort mit Arbeiten über die Königin Luise, über das märkische Adelsgeschlecht der Finkensteins, über die Gräfin Elisa von Ahlefeldt. Auch sein zweibändiges Werk über Kunst und Zivilisation im klassizistischen Berlin kommt ohne Exkurse in die Mark nicht aus. De Bruyn hat zudem über Fontane geschrieben, dem er sich nicht nur in seiner Haltung, sondern ebenso in seinem Prosaduktus verwandt weiß.

Der Berliner Journalist Hans Scholz, von dem es auch Wanderungen durch die Mark auf Fontanes Spuren gibt, schrieb 1955 den Roman »Am grünen Strand der Spree«. Das damals erfolgreiche Buch ist keine große Literatur, hat freilich einen Vorzug: In einer Episode machte es aufmerksam auf die Sorben.

Dieses westslawische Volk, das im Frühmittelalter große Teile Deutschlands besiedelte, bis ins Fränkische hinein, gibt es heute nur mehr in der Region zwischen Cottbus und Bautzen. Mitten hindurch verläuft die brandenburgisch-sächsische Landesgrenze, die auch die Nieder- von der Oberlausitz scheidet. Es existiert eine eigene sorbische Belletristik. Zwei ihrer bekannten Autoren, Kito Lorenc und Jurij Koch, haben entscheidende Jahre in Cottbus zugebracht. Die 1893 geborene Niederlausitzer Lyrikerin Mina Witkojc verfasste einen Band mit Gedichten über die Landschaft des Spreewalds: »Wěnašk błośańskich kwětkow« (deutsch: »Ein Strauß Spreewaldblumen«).

Auch sonst sind Landschaften ein beherrschendes Thema der schönen Literatur über Brandenburg und dies zumal in der Lyrik.

Ick möcht so jerne mal in Werder wieder
zur Baumblüte sein
beim Johannisbeerwein.
Der fährt wie een süß-saurer Schreck in die Jlieder,
und am Weje nach Haus
fährt er jleich wieder 'raus.

Dies ist eine von acht Strophen des Gedichtes »Erinnerungen« von dem 1899 geborenen Robert Gilbert. Einen ähnlichen Ton stimmen Kurt Tucholsky und Mascha Kaléko an: halb ironische, halb sentimentale Texte von müden Großstädtern, denen die märkische Landschaft zum Gegenentwurf des hektischen Lebens in Berlin wird. Nach der Wiedervereinigung Deutschlands und Berlins ereignet sich übrigens Vergleichbares, so in Erzählungen von Judith Hermann und in Gedichten von Hans Ulrich Treichel.

Sie alle lebten oder leben in Berlin. Die deutsche Hauptstadt ist größer und literarisch vielleicht etwas gewichtiger als das sie umgebende Bundesland, dessen Literaten denn auch gern Kontakte nach Berlin unterhalten. Gleichwohl: Die Mark ist eine reiche Literatur- und Literatenlandschaft. Aber das sagten wir bereits.

THEODOR FONTANE

Das Leben gleicht einem Gastmahl

Theodor Fontane und Neuruppin

Fontane-Denkmal in Neuruppin

LITERATURTOUR KOMPAKT

Anreise: Bahn: von Berlin Spandau mit dem RB55, ca. 1 Stunde, bis Bhf. Rheinsberger Tor, Auto: über A10 und A24, Abfahrt 22 Neuruppin, B167 nach Neuruppin
Besichtigung: Stadtmauer, Klosterkirche St. Trinitatis Fontane-Geburtshaus, Fontane-Denkmal, Museum Neuruppin, Waldmus um, Tempelgarten, Tierpark
Einkehrmöglichkeiten: UP HUS IDYLL, Weinhaus am Neuen Markt
Bademöglichkeiten: mehrere Badestellen am Ruppiner See
Wanderwege: Ruppiner-Land-Rundwanderweg, 66-Seen-Wanderweg, Von Neuruppin nach Braunsberg, Tornowseeumrundung in der Ruppiner Schweiz
Wassertourismus: Schiffstouren von Ruppiner See

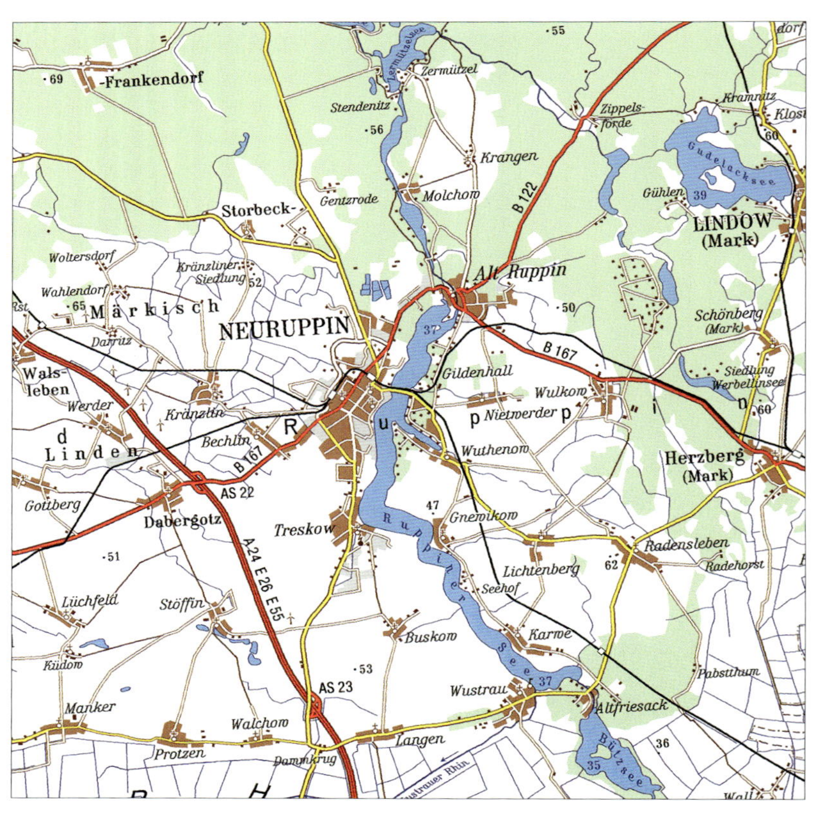

Altes Gymnasium

DIE GEDENKSTÄTTEN

Neuruppin darf sich seit 1998 Theodor-Fontane-Stadt nennen, ganz offiziell, denn der Dichter wurde hier geboren, hielt sich auch später noch einige Zeit hier auf, kam immer wieder zu Besuch und hat über Neuruppin in seinen »Wanderungen durch die Mark Brandenburg« ausführlich geschrieben. Sein Vater war hier Apotheker, seine Mutter liegt hier begraben. Die Stadt verfügt über keinen einzelnen Gedenkort für ihn, es gibt deren gleich mehrere, vom Fontane-Denkmal über das Fontane-Geburtshaus bis zum Fontane-Erinnerungshain. Fontane auch sonst: Man hat eine Fontane-Straße, die Fontane-Apotheke, das Fontane-Seehotel, die Fontane-Therme, die Fontane-Schule, eine Fontane-Buchhandlung und veranstaltet Fontane-Festspiele nebst einem Fontane-Marathon.

Greifen wir zwei Adressen heraus:

Das Denkmal für den Dichter steht an einem Platz, der, wie es sich versteht, nach Theodor Fontane heißt. Die Straße, die ihn berührt, führt zum Ufer des Ruppiner Sees. Dargestellt wird der Dichter in sitzender Haltung, der Gesamteindruck ist Zufriedenheit. Er sitzt auf einer runden Bank aus weißem Stein, während die Figur bronzen ist. Auf der Bank liegen außerdem Mantel und Wanderstock, gleichfalls aus Bronze. Eine an der Bank angebrachte Tafel zeigt die Inschrift: »Dem Dichter der Mark«. Alles steht erhöht, auf einem steinernen Podest.

Bergstraße, Stadtmauer, Kulturkirche St. Marien

Geschaffen hat das Denkmal im Jahr 1907 der Bildhauer Max Wiese (1846–1925), der in Neuruppin aufwuchs und hier auch gestorben ist. Das Entstehungsjahr darf als bemerkenswert gelten insofern, als das Ansehen, das der Dichter heute genießt, zu jener Zeit weithin fehlte.

Auf dem Neuruppiner Alten Friedhof wurden Fontanes Mutter Emilie und seine Schwester Elise, verehelichte Weber, beerdigt. 1998, zum hundertsten Todesjahr des Dichters, ließ die Stadt auf dem Gelände eben jenes Friedhofs einen Erinnerungshain anlegen für bedeutende Persönlichkeiten. Die Grabplatte mit den Lebensdaten der beiden Fontane-Anverwandten findet sich hier.

DER SCHRIFTSTELLER

Theodor Fontane ist so etwas wie der brandenburgische Nationaldichter (immer vorausgesetzt, wir billigen der Mark eine eigene Nation zu). Er ist dies völlig unbestritten, aber es gilt noch nicht sehr lange. 1910 hat sich Thomas Mann, anders als die meisten Zeitgenossen, höchst lobend über ihn geäußert. Thomas Manns Prosastil, um auch dies zu erwähnen, ist an Theodor Fontane erkennbar orientiert.

Die Erkenntnis, dass es sich bei ihm um eine weltliterarische Figur handelt, ist also vergleichsweise jung. Anteil daran hatte zunächst, von ein paar unverdrossenen Literaturwissenschaftlern abgesehen, der

Klosterkirche St. Trinitatis

Schriftsteller Kurt Tucholsky, der ein großer Bewunderer Fontanes war. Er bezog sich unter anderem auf die Theaterrezensionen des Dichters. Als Theaterkritiker der »Vossischen Zeitung«, damals Berlins führendes Tageblatt, hat Fontane einiges für die Förderung des naturalistischen Dramas getan, besonders von Stücken Gerhart Hauptmanns. Der stand damals den Sozialdemokraten nahe, was Fontane erkannte und akzeptierte. Das ist ungewöhnlich insofern, als er in seinen literarischen Anfängen ein bedingungsloser Anhänger der ostelbischen Aristokratie war. Er ist das bis an sein Lebensende geblieben, doch wandelte sich seine Haltung von der reinen Apologie zu linksliberalen Vorbehalten.

Geboren wurde er 1819. Seine Vorfahren waren zugewanderte Hugenotten. Der Vater besaß eine Apotheke, auch der junge Theodor erlernte den Beruf des Pharmazeuten und übte ihn eine Zeitlang aus. Im Nachrevolutionsjahr 1849 entschloss er sich, ein freier Schriftsteller zu werden.

Er schrieb zunächst für Zeitungen. Er reiste nach England, ließ sich in London nieder und war dort Korrespondent für deutsche und britische Blätter. Er fuhr nach Schottland und erzählte davon in einem ausführlichen Reisebuch, das dann Anregung werden sollte für seine literarischen Wanderungen durch die heimatliche Mark. Er kehrte zurück. Er unternahm weitere Reisen. Er begleitete die deutschen Trup-

Seebrücke am Ruppiner See, Skulptur »Parzival am See«, Blick auf St. Laurentius

pen in den Krieg von 1870/71 und schrieb darüber. Er verfasste Balladen, die einst viel gelesen wurden; die vom Herrn Ribbeck auf Ribbeck im Havelland mit den Birnen ist bis heute populär.

Seinen ersten Roman, »Vor dem Sturm«, beendete er im Alter von siebenundfünfzig. In der Folge entstanden dann seine anderen Erzählbücher, die, wenn nicht in Berlin, dann meist in der Mark Brandenburg spielen und die eine Gipfelleistung der deutschen Belletristik im 19. Jahrhundert sind. Das vielleicht populärste davon, »Effi Briest«, gehört zu den großen Romanen zum Thema Ehebruch, die das Zeitalter hervorbrachte. Es steht ranggleich neben Gustave Flauberts »Madame Bovari« und Leo Tolstois »Anna Karenina«.

»Das Leben gleicht einem Gastmahl«, schrieb er einmal. »Jeder hat den Wunsch auszudauern; aber wer in der Mitte des Mahles abgerufen wird, fühlt bald nachher, dass er wenig versäumt hat.«

Er starb 1898. Begraben wurde er auf dem Friedhof der Berliner französischen Gemeinde.

DIE UMGEBUNG

Die Stadt Neuruppin, die bei Fontane einfach nur Ruppin heißt, ist Mittelpunkt des Ruppiner Landes. Ursprünglich Siedlungsgebiet eines westslawischen Stammes, wurde die Region im Hochmittelalter germanisiert

Löwen-Apotheke, Nahansicht, Schinkel-Denkmal

und christianisiert. Das erste Ruppin war eine Wendenburg. Gegenüber dem Ort Alt Ruppin, gelegen am anderen Ufer des Flusses Rhin, entstand im 13. Jahrhundert eine neue Stadt.

Im Reformationszeitalter wurde sie Hohenzollernbesitz. Der Große Kurfürst Friedrich Wilhelm machte sie zur Garnison und begründete ihre militärische Tradition. Ein Großfeuer zerstörte sie 1787 fast völlig, der Wiederaufbau begann im klassizistischen Stil, er schuf bemerkenswert breite und gerade Straßen und einen auffällig ausgedehnten Marktplatz.

Neuruppin hat neben Theodor Fontane noch einen weiteren renommierten Künstler hervorgebracht: den preußischen Baumeister Karl Friedrich Schinkel. Sein Vater war in der Stadt ein hoher evangelischer Geistlicher. Im Unterschied zu Fontane wird Schinkels hier beklagenswert wenig gedacht.

Während des 19. Jahrhunderts war Neuruppin weithin berühmt für die hier verfertigten Bilderbögen. Sie waren eine Art Vorläufer der späteren illustrierten Zeitschriften, sie enthielten handkolorierte Holzschnitte, waren gedruckt auf billigem Papier und erschienen in hoher Auflage. Meist brachten sie serielle Folgen zu bestimmten Themen, auch solche populärwissenschaftlichen Inhalts. Wilhelm Busch schuf seine ersten Arbeiten für Bilderbögen, in seinem Falle war der

Verlagsort München. Zu Glanzzeiten des Genres existierten in Europa insgesamt 300 einschlägige Verlage, der für den deutschen Sprachraum bedeutendste, der Verlag Gustav Kühn, befand sich in Neuruppin. Er hat 120 Jahre existiert. Ein allerletzter Bilderbogen erschien 1939.

Neuruppin liegt am Westufer des Ruppiner Sees. Nach seiner ausführlichen Militärgeschichte hat die Stadt sich nunmehr entschlossen, ein attraktives Zentrum des Sommertourismus zu sein. Der Name Fontane soll ihr dabei helfen.

ZITAT

Lieblich weht's vom See herüber,
Leise, langsam, wie verdrossen
Ziehen still die Wolken drüber,
Gleichen Schritts mit unsern Rossen …
Drüben liegt im Sonnenscheine
So ein alt und sauber Örtchen,
Kirch' und Turm von rotem Steine,
In der Mauer Ausfallpförtchen.
(…)

Ruppin hat eine schöne Lage – See, Gärten und der sogenannte »Wall« schließen es ein. Nach dem großen Feuer, das nur zwei Stückchen am Ost- und Westrande übrigließ (als wären von einem runden Brote die beiden Kanten übriggeblieben), wurde die Stadt in einer Art Residenzstil wieder aufgebaut. Lange, breite Straßen durchschneiden sie, nur unterbrochen durch stattliche Plätze, auf deren Areal unsere Vorvordern selbst wieder kleine Städte gebaut haben würden. Für eine reiche Residenz voll hoher Häuser und Paläste, voll Leben und Verkehr, mag solche raumverschwendende Anlage die empfehlenswerteste sein, für eine kleine Provinzialstadt aber ist sie bedenklich. Sie gleicht einem auf Auswuchs gemachten großen Staatsrock, in den sich der Betreffende, weil er von Natur klein ist, nie hineinwachsen kann. Dadurch entsteht eine Öde und Leere, die zuletzt den Eindruck der Langenweile macht.

»Wanderungen durch die Mark Brandenburg«

ADRESSEN ZUR TOUR

Klosterkirche St. Trinitatis
Größte Kirche und Wahrzeichen der Stadt Öffnungszeiten: Mi–Sa 10–16 Uhr, So 12–16 Uhr

Stadtmauer
Gut erhalten, fast vollständig (teilweise mittelalterlich befestigt)

Fontane-Geburtshaus
mit Löwen-Apotheke und Atelier des Künstlers Robert W. Wagner. In Privatbesitz (kann nicht besichtigt werden).
Karl-Marx-Straße 84

Museum Neuruppin
Präsentiert die Ur- und Frühgeschichte des Ruppiner Lands. Vielfältige Themen wie auch berühmte Persönlichkeiten oder Neuruppiner Bilderbögen.
Mit Fontane-Dauerausstellung
August-Bebel-Straße 14/15,
16816 Neuruppin
Öffnungszeiten: Apr. bis Sept.: Di–So, 10–17 Uhr; Okt. bis März: Di–Fr 11–16 Uhr und Sa & So 10–16 Uhr
Eintrittspreise: 5 €, erm. 3 €, Kinder frei. Zusätzlich Familien-, Jahreskarten, Führungen und Leihen eines Multimediaguide möglich

Weinhaus am Neuen Markt
Kommissionsstraße 17
16816 Neuruppin
Tel. 03391 65 11 01
info@weinhausamneuenmarkt.de
www.weinhausamneuenmarkt.de

Tourismus-Service BürgerBahnhof GmbH & Büro der Fahrgastschifffahrt
Karl-Marx-Straße 1
16816 Neuruppin
Telefon: 03391.45 46 0
info@tourismus-neuruppin.de

Waldmuseum
Direkt am Waldrand, Sammlung von interessanten Gegenständen aus dem Wald, Hörspiele, Walderlebnispfad
16827 Stendenitz
Mai bis Okt.: Mi–So 10–17 Uhr
Eintrittspreise: 2 €, Kinder 1 €

Kulturhaus Neuruppin
Musikveranstaltungen aller Art
Karl-Marx-Straße 103, 16816 Neuruppin

Kino im Kornspeicher
Individuelles Programmkino, oft mit Besuch von Schauspielern oder Regisseuren, die Fragen beantworten
Neumühle 3, 16827 Neumühle

Fontane-Denkmal
Fontaneplatz Neuruppin

Tempelgarten
Exotische Pflanzen und Apollo-Tempel. Erbaut in dem Gemüsegarten des Kronprinzen Friedrich

Tierpark
Größtenteils heimische Arten, Abenteuerspielplatz, Otterfütterung, Streichelgehege und Damhirschfreigehege
Kunsterspring 4, 16818 Neuruppin
Öffnungszeiten: Apr. bis Sept. 9–19 Uhr; Okt. bis März: 9–17 Uhr
Eintrittspreise: 5 € Kinder 2 €, erm. 2,50 €, Kombi- und Sonderkarten möglich

UP HUS IDYLL
Restaurant und Hotel
Siechenstraße 4
16816 Neuruppin
Telefon: 03391.39 88 44
E-Mail: lettow@up-hus.de

CONTINENTAL
Q W E R T Z U
A S D F G H J
UM-SCHALTER
Y X C V B N M

Neue Erde aus alter Kruste

Friedrich Wolf und Lehnitz

Wolfs Schreibmaschine

LITERATURTOUR KOMPAKT

Anreise: Bahn: S1 Richtung Oranienburg bis Lehnitz, weiter 1,4 km zu Fuß/ Rad Auto: A114 u. A10 bis Ausfahrt 34 Mühlenbeck, L211 bis Oranienburg, Magnus-Hirschfeld-Str.,Friedrich-Wolf-Str., Alter Kiefernweg 5

Besichtigung: • Friedrich-Wolf-Gedenkstätte, Gedenkstätte und Museum Sachsenhausen, Schloss Oranienburg und Kreismuseum Oranienburg

Einkehrmöglichkeiten: Schlossrestaurant »Lieschen & Luise«, Restaurant Zum Taubenschlag

Bademöglichkeiten: Weißer Strand am Lehnitzsee

Wander- und Radwege: Wanderung um den Lehnitzsee, Havel-Radweg, Hennigsdorf: Wanderung durch das Teufelsbruch

Wassertourismus: Angebote für verschiedener Rundfahrten von Stern und Kreisschiffahrt, Reederei Lüdicke, Treibholz – Kanu, Floß & Herberge

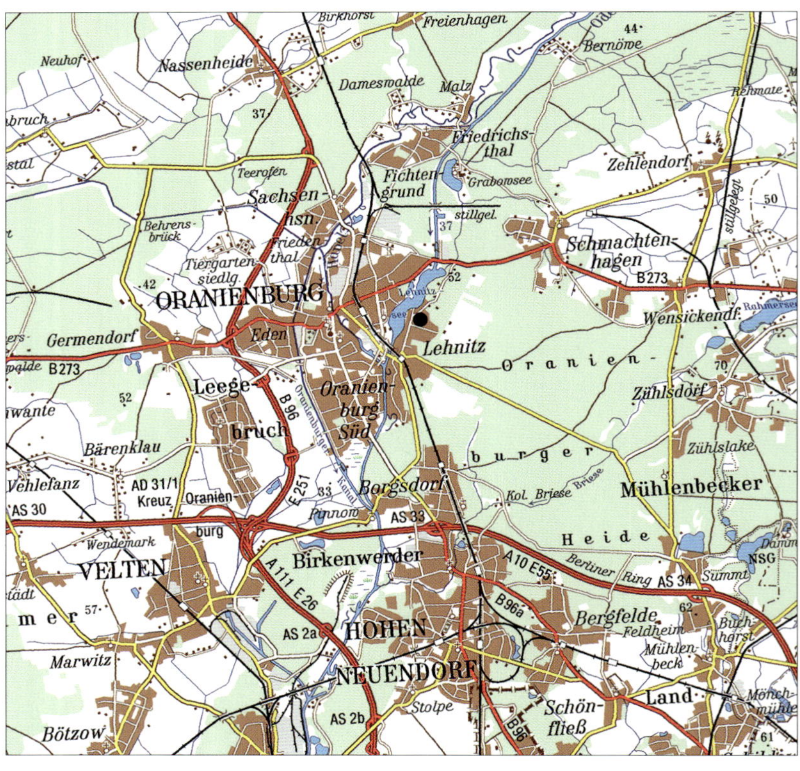

Wohnhaus Friedrich Wolf

DIE GEDENKSTÄTTE

Die Häuser am Alten Kiefernweg in Lehnitz ähneln einander. Es handelt sich um zweigeschossige Villen, umgeben von weitläufigen Gärten und errichtet aus hellgelben Klinkern, zwischen die, in unregelmäßigen Abständen, dunkle Ziegel eingelassen wurden.

Das Haus, in dem Friedrich Wolf zuletzt lebte, bewahrt, zumal in seinem Inneren, den Geist der Mitte des zwanzigsten Jahrhunderts, unterm Zeichen der DDR. Die Möbel stammen aus jener Zeit. Der Eindruck ist: unprätentiös, praktisch, die Bleibe eines Emigranten, der immer wieder seinen Aufenthaltsort wechseln musste.

Die große alte Schreibmaschine auf dem Arbeitstisch des Dramatikers, Marke Continental, wirkt wie ein Museumsstück. Die Bücher an den Wänden zeigen die Rücken alter DDR-Ausgaben, solcher des Dramatikers, solcher anderer Autoren, deutschsprachiger wie ausländischer. Es sind sehr viele Bücher, sie stehen in mehreren Räumen. Die Lücken in den Regalen weisen darauf hin, dass die Widmungsexemplare, die sich einst hier befanden, inzwischen dem Archiv der Akademie der Künste gehören.

Begehbar sind Zimmer in zwei Etagen. Im größten von ihnen stehen um die vierzig Stühle, für das Publikum gelegentlicher Veranstaltungen, Lesungen vor allem. An den Wänden hängen die Fotos von

Porträtbüste, Eingangsbereich, Wohnzimmer

prominenten Besuchern, auch solchen, die man hier nicht unbedingt vermuten würde, etwa des SPD-Politikers Egon Bahr, der, wie zu erfahren, dreimal hierher gefunden hat.

Es gibt Plakate zu Inszenierungen Wolfscher Stücke. Zu sehen sind Porträts des Dichters, aus mehreren Lebensphasen, Grafiken wie Fotografien. Ein Autograf zeigt seine Arbeitsweise: zahllose Korrekturen, Striche, Ergänzungen. Er hat es sich offenbar nicht leicht gemacht.

DER SCHRIFTSTELLER

Einst war er ein viel gespielter Theaterautor, nicht nur in Deutschland, auch auf ausländischen Bühnen. Der 1888 in Neuwied geborene Sohn jüdischer Eltern hatte Medizin studiert und engagierte sich in der Wandervogelbewegung. Er musste als Militärarzt in den Ersten Weltkrieg ziehen; was er dort erlebte, machte ihn zum radikalen Kriegsgegner. Heimgekehrt schloss er sich in Dresden dem Arbeiter- und Soldatenrat an. Später trat er der Kommunistischen Partei bei.

Er praktizierte als Arzt im Schwäbischen. Seine Begegnungen mit dem proletarischen Elend inspirierten ihn zu einem Drama, das sein erster großer Bühnenerfolg wurde: »Cyankali«, ein Plädoyer gegen den damals gültigen Abtreibungsparagrafen 218 im deutschen Strafgesetz-

Bibliothek

buch. Er nahm selbst Schwangerschaftsunterbrechungen vor, wurde deswegen angeklagt und saß kurze Zeit in Haft.

1933 emigrierte er in die Sowjetunion. Den stalinistischen Verfolgungen entzog er sich, indem er 1937 zu den Internationalen Brigaden im Spanischen Bürgerkrieg ging. Den Ausbruch des Zweitem Weltkrieges erlebte er in Frankreich, wo er inhaftierte wurde; mit gefälschten Papieren gelang ihm die Flucht. Er kehrte zurück in die Sowjetunion, wo er Gründungsmitglied des sowjetisch inspirierten Nationalkomitees Freies Deutschland war.

1945 gehörte er zu den ersten Remigranten in die sowjetisch besetzte Zone Deutschlands. Er schrieb und publizierte. Er engagierte sich kulturpolitisch. Zwei Jahre lang war er Botschafter der DDR in Polen. Lehnitz wurde seine letzte Bleibe, dort ist er im Herbst 1953 gestorben.

Sein anderer großer Theatererfolg hieß »Professor Mamlock«. Es ist die Geschichte eines bürgerlich-jüdischen Klinikchefs, der nach 1933 von den Nazis verfemt und aus seiner Stellung getrieben wird, am Ende erschießt er sich. Das Stück, entstanden in der Nachfolge von Arthur Schnitzlers »Professor Bernhardi«, wurde zweimal verfilmt, einmal in Moskau und einmal in Ost-Berlin. Sein letztes Drama, das von dem Bauernkriegsführer Thomas Müntzer handelt, schrieb er, wohl auch beflügelt durch die ländliche Umgebung dort, in Lehnitz.

Treppenhaus, Familienbildnisse, Veröffentlichungen

Aus seiner zweiten Ehe stammten zwei hernach sehr bekannte Söhne. Der jüngere, Konrad, war einer der wichtigsten ostdeutschen Filmregisseure. Der ältere, Markus, machte Karriere als Spionagechef des DDR-Auslandsgeheimdienstes.

DIE UMGEBUNG

Lehnitz, bis 2003 eine selbstständige Gemeinde, ist inzwischen ein Ortsteil von Oranienburg. Nach Friedrich Wolf heißen eine Straße, ein Platz, ein Gebäude für Veranstaltungen und eine Schule.

In Lehnitz befand sich einst ein jüdisches Erholungsheim. Die 1941 entstandene Waldsiedlung, eine Villenkolonie für Testpiloten der Nazi-Luftwaffe, erbaut von Häftlingen des nahen Konzentrationslagers Sachsenhausen, steht heute unter Denkmalschutz. Ein anderer DDR-Dramatiker, der zeitweilig in dem Ort wohnte, war Heiner Müller, er lebte hier zusammen mit seiner damaligen Frau Inge.

Oranienburg, wie viele Ortschaften der Mark ursprünglich eine slawische Siedlung, wurde während der hochmittelalterlichen Ostexpansion germanisiert. Einst hieß der Ort Bötzow, der heutige Name verdankt sich Louise Henriette von Oranien, Frau des Großen Kurfürsten, und deren Familie. Französische Glaubensflüchtlinge und niederländische Fachleute sorgten für den Wiederaufbau der vom Dreißigjährigen

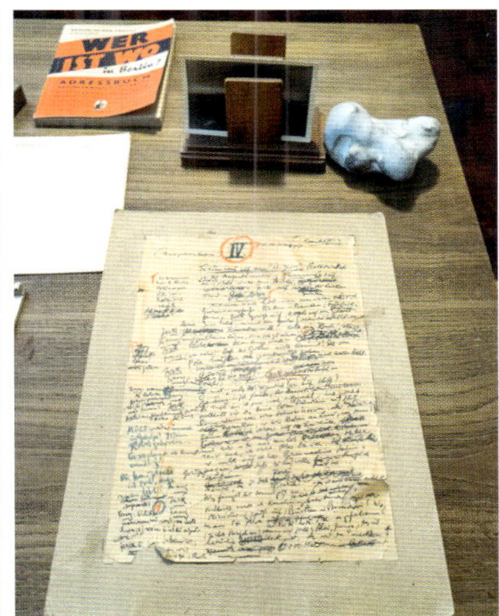

Arbeitszimmer, Lesebrille, Autograf

Krieg heimgesuchten Stadt. Im 19. Jahrhundert wurde Oranienburg zum Standort von Baumwollfabrikation und chemischer Industrie.

Historischer Mittelpunkt ist das barocke Schloss. Ursprünglich ein Jagdsitz, hat es der kurfürstliche Architekt Johann Gregor Memhardt zu einem repräsentativen Feudalbau umgestaltet. Etliche Angehörige des Hauses Hohenzollern wohnten hier, dann, im 19. Jahrhundert, wurde das Schloss zum Firmensitz eines bürgerlichen Unternehmers. Ein Lehrerseminar war darin untergebracht, noch später diente es als Kaserne. Der Zweite Weltkrieg hinterließ erhebliche Schäden.

In Oranienburg entstand 1883 die von Berliner Vegetariern gegründete Obstbau-Siedlung Eden, die heute noch existiert. Der Bodenreformer Adolf Damaschke war eines ihrer prominenten Mitglieder.

Oranienburg hatte eines der ersten Konzentrationslager zu Beginn der Hitler-Diktatur. Erich Mühsam, jüdischer Schriftsteller und Anarchist, war einer der Häftlinge und wurde hier ermordet.

ZITAT

Ja, eine neue Erde wird aus der alten Kruste blühen, eine neue Sonne wird über ihr leuchten! Wenn die Gottlosen und Heuchler verschwunden sind, wird des Menschen Werk aufgehen wie goldner Weizen, und

Lebensreform-Unternehmen »Eden«

die Ernten werden reifen im Sommerwind. Der Werkmann aber wird mit dem Bauern durch die Felder gehn, und der Bauer wird mit dem Tuchweber sein Tuch befühlen. Es wird eine Lust sein, zu säen und zu ernten und eine Ehre, die Stoffe zu weben, die Wolle zu färben, das Erz zu graben, zu schmelzen und zu schmieden. Wenn aber einer unter uns fragen möcht: wie soll das alles schon heute werden? so sage ich: das Korn muss mit seinem Halm im ersten Frühlingshauch die Erde durchbrechen, selbst wenn noch Frost sein junges Leben gefährdet.

»Thomas Müntzer«

ADRESSEN ZUR TOUR

Friedrich-Wolf-Gedenkstätte
Alter Kiefernweg 5, 16515 Oranienburg
OT Lehnitz
Telefon: 03301-524 480,
kontakt@friedrichwolf.de
Öffnungszeiten: Fr 10–14 Uhr, jeweils eine Stunde vor Veranstaltungsbeginn. Termine für Gruppen nach Absprache
Eintritt: Führungen: 2 €, erm. 1 €, Lesungen: 5 €, erm. 3 €, Gruppen nach Vereinbarung

Gedenkstätte und Museum Sachsenhausen
Stiftung Brandenburgische Gedenkstätten
Straße der Nationen 22
16515 Oranienburg
Telefon: 03301-200 200
besucherdienst@gedenkstaette-sachsenhausen.de

Schloss Oranienburg
Kreismuseum Oranienburg
Schloßplatz 1
16515 Oranienburg
Telefon: 03301-601 56 88
Mail: kreismuseum@oberhavel.de
www.oberhavel.de/Freizeit-Tourismus/Kreismuseum-Oberhavel
Öffnungszeiten: Apr. bis Okt. Di–So 10–18 Uhr, Nov. bis März: Di–F: 10–16 Uhr, Sa & So 10–17 Uhr, Öffnungszeiten Schloss: Di–So 10–17:30 Uhr

Schlossrestaurant »Lieschen & Luise«
Schlossplatz 1
16515 Oranienburg
Mo–So 11:30 – 23
Telefon: 03301-702547
www.schlossrestaurant-oranienburg.de

Restaurant Zum Taubenschlag
Hohenbrucher Straße 2
16515 Oranienburg
Mo u. Di: Ruhetag
Mi – Fr : 17 – 21.30 Uhr
Sa, So u.Feiertage 11.30 – 21.30 Uhr
Telefon: 03301-53 17 32
www.restaurant-zum-taubenschlag.de

Weißer Strand am Lehnitzsee
Badestelle
Magnus-Hirschfeld-Straße
16515 Oranienburg OT Lehnitz

Treibholz – Kanu, Floß & Herberge
Oberpfuhlstraße 3 a
17279 Lychen
E-Mail: mail(at)treibholz.com
www.treibholz.com
Öffentliche Floßfahrt für Einzelpersonen und kleine Gruppen. Einstündige Rundfahrt ohne Anmeldung.
Öffnungszeiten:
April – Oktober
Die Kanustation hat geöffnet:
Mai bis September: täglich 10 – 18 Uhr
Oktober bis April: auf Anfrage

Schlecht beschirmt von Büchern

Bertolt Brecht und Buckow

Brechts Garten am Schermützelsee

LITERATURTOUR KOMPAKT

Anreise: Bahn: ab Lichtenberg stündl. RB 26 Richtung Kostrzyn (Pl) bis Bhf. Müncheberg, Bus Nr. 928 2 Stationen bis Buckow, weiter 1,1 km zu Fuß/ Rad
Auto: B5/ B1 Richtung Osten
Dauer ca. 1 Stunde 10 Minuten

Besichtigung: • Brecht-Weigel-Haus Buckow, Buckower Heimatstube, John-Heartfield-Haus, Naturpark-Besucherzentrum Schweizer Haus, Eiszeitgarten im Lunapark am Buckowsee

Einkehrmöglichkeiten: Gasthaus Stobbermühle

Bademöglichkeiten: Strandbad Buckow

Wander- und Radwege: Naturparkroute Märkische Schweiz, Jakobsweg durch die Märkische Schweiz, Europawanderweg 11 in der Märkischen Schweiz, WolfsschluchtRadwanderwege: Tour Brandenburg, R1, Märkische Schlössertour, Oderbruchbahn-Radweg

Wassertourismus: Ruderbootsverleih im Strandbad Buckow

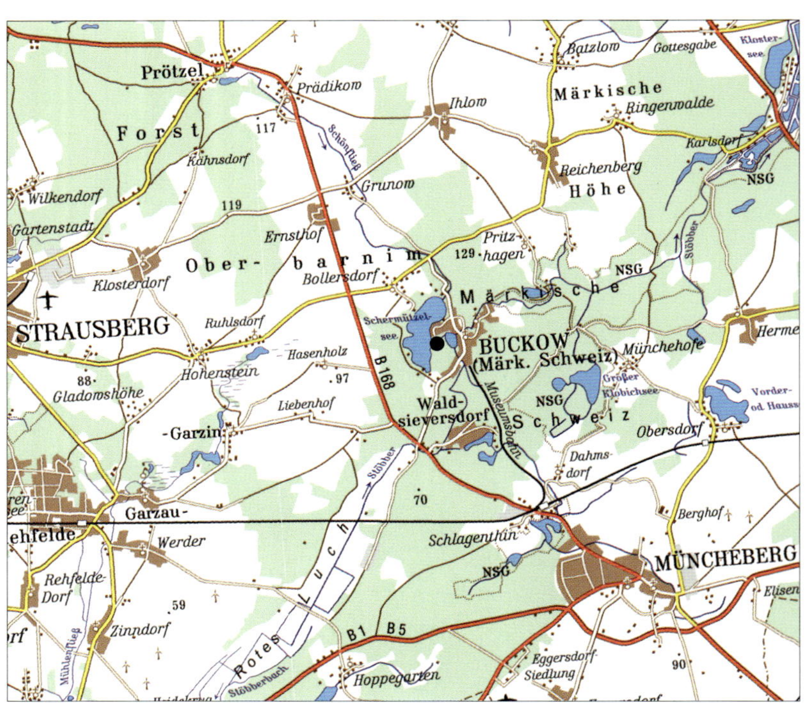

Die »Eiserne Villa«

DIE GEDENKSTÄTTE

Im Jahr 1948 erwarben Bertolt Brecht und seine Ehefrau, die Schauspielerin Helene Weigel, ein Landhausgrundstück am Ufer des Schermützelsees in Buckow. Das Gebäude war da schon vierzig Jahre alt. Errichtet hatte es ein aus Berlin stammender Bildhauer namens Georg Roch, an der Stelle eines zuvor heruntergebrannten Objektes, das, seiner Blechverkleidung wegen, »Eiserne Villa« hieß. Der Name ging über auf den Nachfolgerbau, Architekt war der Berliner Bruno Möhring. Er entwarf die mehrstöckige Villa mit Mansardengiebeldach im sogenannten Heimatstil, einer deutschen Variante des Späthistorismus mit allerlei Zitaten regionaler Baukunst.

Gedacht als Ateliergebäude, nahm eine über zwei Stockwerke sich erstreckende Halle mit großem Fenster an der Giebelseite mehr als die Hälfte des Hauses ein. Brecht diente der Raum als Ort für die Mahlzeiten und für Gespräche mit Theaterleuten. Die Möbel waren durchweg Antiquitäten. Nebenan befand sich die Bibliothek, Schlaf- und Gästezimmer lagen im Oberstock. Wenn er schreiben wollte, nutzte Brecht das Gärtnerhaus. »So blieben Nähe und Distanz, Lebensfreude und Isolation in der Balance, und der Dichter konnte je nach Wunsch am Geschehen in der ›Eisernen Villa‹ teilnehmen oder sich verweigern«, schrieb Bernd Erhard Fischer, der über die Zeit Brechts in Buckow gearbeitet hat.

Gartenansicht, Panoramafenster, Bootsschuppen

Nach Brechts Ableben nutzte die Witwe weiter das Anwesen bis zu ihrem Tod 1971. Die Erben verkauften die Villa an den Staat. 1977 wurde sie für das Publikum als Gedenkstätte geöffnet. Besichtigt werden können neben der Eisernen Villa die Balustrade mit zwei Tierplastiken des Erstbesitzers Roch, der Garten und der Bootssteg samt Bootshaus, worin sich eine theatergeschichtliche Ausstellung befindet. Ihr Mittelpunkt ist der Marketenderwagen aus der Berliner Erstaufführung von Brechts »Mutter Courage und ihre Kinder«, bei der Helene Weigel die Titelrolle gab und das Gefährt über die rotierende Drehbühne zog. Das Gärtnerhaus ist nicht zugänglich, da es weiterhin von den Erben genutzt wird.

In der Brecht-Weigel-Gedenkstätte finden regelmäßig Veranstaltungen statt. Höhepunkt ist der alljährliche Literatursommer. Das gesamte Anwesen steht unter Denkmalschutz.

DER SCHRIFTSTELLER

Er war einer der wichtigen deutschsprachigen Autoren des 20. Jahrhunderts, neben Thomas Mann vielleicht der wichtigste. Geboren wurde er 1898 als Berthold Eugen Friedrich Brecht in Augsburg, seinen Vornamen veränderte er später zu Bertolt oder Bert. Die literarische Begabung des Großbürgersohns zeigte sich früh, er ging nach München, wo

Ausstellung im Bootsschuppen

er für das Theater zu arbeiten begann, später wechselte er nach Berlin. Seine ersten Texte zeigen noch Einflüsse des Spätexpressionismus, bald wurde sein Duktus nüchterner, und er galt als Vertreter der Neuen Sachlichkeit.

Sein endgültiger Durchbruch erfolgte 1928 mit der Uraufführung der »Dreigroschenoper«, seinem bis heute populärsten Text. Schon zuvor hatte er sich dem Marxismus zugewandt, der sein weiteres Schaffen maßgeblich beeinflusste. 1933, als Hitler in Deutschland die Macht übernahm, emigrierte er, zunächst nach Dänemark, dann in die USA, wo er zur kalifornischen Kolonie deutscher Exilautoren gehörte. Ungeachtet gelegentlicher Arbeit für Hollywood war er dort längst nicht so erfolgreich (und wohlhabend) wie sein alter Freund Lion Feuchtwanger oder der von ihm innig verabscheute Thomas Mann. Die Uraufführungen seiner in der Emigration entstandenen Stücke, darunter »Leben des Galilei« und »Der gute Mensch von Sezuan«, geschahen auf dem alten Kontinent, im Zürcher Schauspielhaus.

1947 stand er vor dem »Ausschuss für unamerikanische Umtriebe« des US-Kongresses, wo er sich einigermaßen listig zu verteidigen wusste.

Unmittelbar danach kehrte er nach Europa zurück, zunächst in die Schweiz, 1948 folgte er dem Ruf in das sowjetisch besetzte Ost-

Blick auf den Schermützelsee

Berlin, wo er seine eigene Theatertruppe gründete und für sie bald auch sein eigenes Haus erhielt, das Berliner Ensemble.

Er wurde zum DDR-Vorzeigeautor und zum maßgeblichen Theatermann, was wiederholte Konflikte mit der SED-Kulturpolitik nicht ausschloss. Gastspiele seines Hauses machten ihn in ganz Europa berühmt. Sein antiillusionistischer Inszenierungsstil, den er episches Theater nannte, wurde weithin prägend, ebenso wie der verführerische Ton seiner Dichtung. Er scharte Schüler um sich, zur Obrigkeit des ostdeutschen Staates, der sein Theater finanzierte, verhielt er sich in einer Art skeptischer Zuneigung, mit gelegentlichen Skrupeln. Seine zahlreichen Geliebten machte er zu seinen Mitarbeiterinnen, was seine Ehefrau Helene Weigel seufzend ertrug.

Sein zu Zeiten außerordentlicher Ruhm scheint inzwischen etwas verblasst. Seine Stücke werden weniger gespielt, unverändert frisch bleibt seine Lyrik. Gestorben ist er 1956, begraben liegt er auf dem Dorotheenstädtischen Friedhof in Berlin. Gleich nebenan steht sein letztes Berliner Wohnhaus, auch dies heute eine Bertolt-Brecht-Gedenkstätte, eine von mehreren.

Innenstadt Buckow, am Stobber, Kirche von Buckow

DIE UMGEBUNG

Der Fünfzehnhundert-Seelen-Ort Buckow erstreckt sich am Ostufer eines besonders hübschen brandenburgischen Gewässers, des Schermützelsees. Die gesamte Region ist ein Naturpark mit Namen Märkische Schweiz, Buckow selbst ist eine alte, ursprünglich slawische Siedlung, die wechselnden Feudalherren gehörte. Einer von ihnen, mit Namen Flemming, ließ ein Schloss errichten, das von Schinkel umgebaut wurde, bis es, da im letzten Krieg schwer beschädigt, 1948 völlig verschwand. Geblieben ist lediglich der barocke Parkgarten samt Fontäne.

Heute nennt sich Buckow einen Kurort. Als touristische Adresse gilt es seit seinem Anschluss an das Bahnnetz Ende des 19. Jahrhunderts, Fontane rühmte seine »ländliche Schönheit«. Bereits vor Brecht zog es zahlreiche Berliner Intellektuelle hierher, darunter den Reporter Egon Erwin Kisch und den Grafiker John Heartfield. Wolf Biermann, einer von zahlreichen Brecht-Schülern, lässt eine seiner DDR-kritischen Balladen in Buckow spielen.

Das Brecht-Weigel-Haus ist das kulturelle Zentrum des Orts. Man kann auch an Brecht-Wanderungen teilnehmen, einmal im Monat. Eine andere Veranstaltung sind die Buckower Rosentage, die seit 1965 alljährlich stattfinden; eine Rose, nebst mehreren Weintrauben, schmückt das örtliche Wappen. Auf dem Schermützelsee fahren Dampfer. Man kann Kneipp-Kuren buchen und Wanderungen zu den nahe gelegenen Hügeln oder zu dem benachbarten Erholungsort Waldsieversdorf unternehmen. Der Europawanderweg R1, der vom nordfranzösischen Boulogne-sur-Mer über Münster und Berlin bis St. Petersburg führt, tangiert Buckow. Es gibt ein Museum für die aufgelassene Kleinbahn, eine Heimatstube, ein Naturparkzentrum und fünf Hotels.

ZITAT

DANN WIEDER WAR ICH IN BUCKOW
Dem hügeligen am See
Schlecht beschirmt von Büchern
Und der Flasche, Himmel
Und Wasser
Beschuldigten mich, die Opfer
Gekannt zu haben.

(Geschrieben 1953)

ADRESSEN ZUR TOUR

Brecht-Weigel-Haus Buckow
Bertolt-Brecht-Straße 30
15377 Buckow
Telefon: 033433-467,
brechtweigelhaus@kulturmol.de
Öffnungszeiten: Apr. bis Okt.: Mi–Fr 13–17 Uhr, Sa, So u. an Feiertagen 13–18 Uhr;
Nov. bis März: Mi–Fr 10–12 u. 13–16 Uhr, Sa u. So 11–16 Uhr
Preise: 3 €, erm. 2 €

Buckower Heimatstube
Hauptstraße 22
15277 Buckow
Telefon: 033433-260
Öffnungszeiten: Mai bis Okt.: Sa u.So 14–17 Uhr
Preise: auf Anfrage

Naturpark-Besucherzentrum Schweizer Haus
Lindenstraße 33
15377 Buckow
Telefon: 033433-158 41,
np-maerkische-schweiz@LUGV.Brandenburg.de
Öffnungszeiten: Mo–So 10–16 Uhr
Preise: Eintritt frei

Restaurant »Stobbermühle« Buckow
Wriezener Straße 2
15377 Buckow
Telefon: 033433-668 33,
mail@stobbermuehle.de
Öffnungszeiten:
Mo–Do 11.30–22 Uhr,
Fr–So 11.30–24 Uhr

Kultur- und Tourismusamt Märkische Schweiz
Sebastian-Kneipp-Weg 1,
15377 Buckow
Telefon: 033433-659 82,
touristinfo@amt-maerkische-schweiz.de
www.kurstadt-buckow.de

Eiszeitgarten im Lunapark am Buckowsee
(im Ort)

Buckower Kleinbahn
www.buckower-kleinbahn.de

Wanderwege und -ziele:
Naturparkroute Märkische Schweiz
Markierung: Roter Punkt, 20,8 km, ca. 6–7 Stunden

Jakobsweg durch die Märkische Schweiz
Route: von Müncheberg über Dahmsdorf, Sophienfelde, Hoppegarten, Werder, Garzau, Rehfelde nach Strausberg

Europawanderweg Elf in der Märkischen Schweiz
Route: von Strausberg kommend über Rehfelde, Garzau, Garzin, Liebenhof, Rotes Luch, in Buckow Richtung Weißer See, Brecht-Weigel-Haus, Marktplatz, Schweizer Haus, Großer Tornowsee, Pritzhagener Mühle, Eichendorfer Mühle, Lapnower Mühle nach Neuhardenberg und weiter Richtung Oderbruch

Wolfsschlucht
(Kerbtal in der Märkischen Schweiz), Wurzelfichte

Radwege
Tour Brandenburg, R1, Märkische Schlössertour, Oderbruchbahn-Radweg

John-Heartfield-Haus
Schwarzer Weg 12
15377 Waldsieversdorf
Öffnungszeiten:
Mai bis Okt.: Fr–So 13–18 Uhr
Preise: Eintritt ist frei, Spenden erwünscht

Gasthaus Stobbermühle
Wriezener Straße 2
15377 Buckow (Märkische Schweiz)
Telefon: 033433-66833
mail@stobbermuehle.de
www.stobbermuehle.de

Strandbad Buckow - Schermützelsee
Wriezener Straße
15377 Buckow
Tel.: 0172/ 9535809
Öffnungszeiten (in der Saison):
Strandbad 10–19 Uhr
Eintritt:
Erwachsene: 2 €
Kinder: 1 €
Ruderbootsverleih ab 10 Uhr
6 Euro pro Stunde, 5 Euro Pfand

Mann des Krieges, Mann des Friedens

Bad Freienwalde und Walther Rathenau

Schloss Freienwalde

LITERATURTOUR KOMPAKT

Anreise: Bahn: RE3 nach Eberswalde, dort umsteigen in RB Richtung Wriezen bis Bad Freienwalde weiter 900 m zu Fuß/ Rad
Auto: Berliner Ring Richtung Frankfurt/ O bis Ausfahrt 2 Berlin- Hohenschönhausen auf B158 Richtung Blumberg/ Bad Freienwalde
ca. 1 Stunde 5 Minuten

Besichtigung: • Schloss Freienwalde, Kurpark, Kirche St. Georg, Oderlandmuseum, Haus der Naturpflege, Bismarckturm

Einkehrmöglichkeiten: Café Blaue Zwiebel

Bademöglichkeiten: Baasee

Wander- und Radwege: Fontane-Wanderweg, Baasee-Wanderung, Moorbadwanderweg, Grüner Weg, Oderlandweg , Wanderung zum Großen Stein, Insel-Wanderweg, Theodor-Fontane-Radweg, Tour Brandenburg, Oderbruchbahn-Radweg, Oder-Neiße-Radweg

Wassertourismus: Kanuverleih in Wriezen und in Oderberg

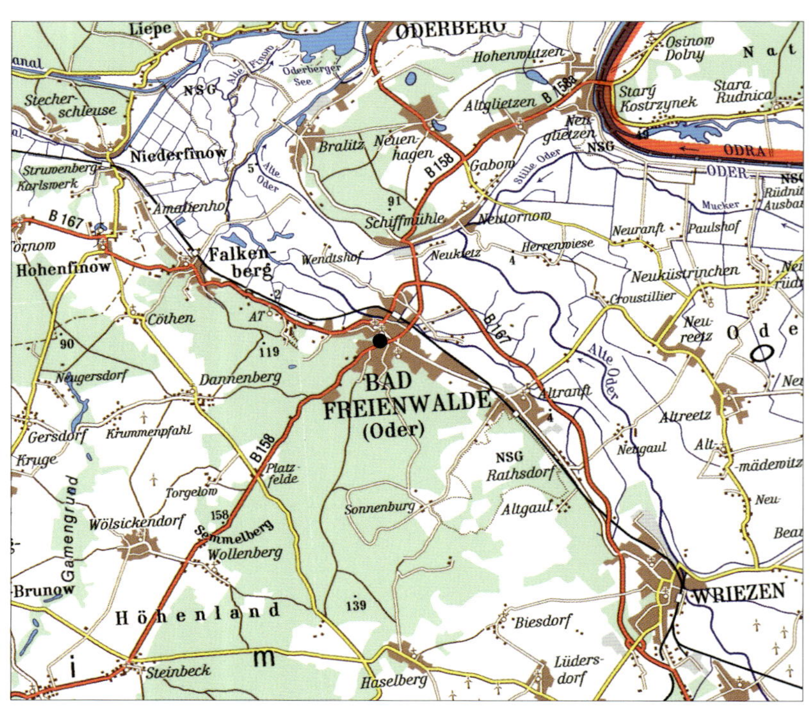

Allegorische Figur, Freitreppe, Aufgang zum Schloss

DIE GEDENKSTÄTTE

Schloss Freienwalde ist ein hübscher klassizistischer Bau, eine Arbeit des Architekten David Gilly. Errichtet wurde es als Witwensitz für Friederike Luise, die Angetraute von Preußenkönig Friedrich Wilhelm II. Das Gebäude hat eine Freitreppe und eine Terrasse, dazu existiert ein Parkgarten, angelegt von Peter Joseph Lenné.

Nach dem Ableben der Königin diente das Schloss gelegentlich als Jagdhaus. Elise Radziwill, romantisch-unglückliche Liebe des Kartätschenprinzen und nachmaligen Kaisers Wilhelm, hat sich hier aufgehalten. Der Bau wurde vernachlässigt und begann zu zerfallen, ehe ihn Walther Rathenau 1909 vom Haus Hohenzollern erwarb. Der neue Eigner ließ aufwändig restaurieren, unter anderem wurde ein Balkon angebracht. Zehn Jahre verlebte Rathenau hier seine Sommer und empfing Besuche von Freunden.

Nach seiner Ermordung übergaben die Erben das Anwesen dem Landkreis Oberbarnim. Auflage war, das Andenken an den Toten zu bewahren. Geschehen ist das eher unzureichend. Nach 1945 wurde das Schloss geplündert und später als »Puschkin-Haus« genutzt. Zwischen 2002 und 2007 erfolgten umfangreiche Sanierungsarbeiten. Seit deren Abschluss werden im Erdgeschoss Wechselausstellungen gezeigt, während das Obergeschoss als Rathenau-Erinnerungsstätte dient. Die Zim-

Marktplatz

mer sind weitgehend so gestaltet wie zu Rathenaus Zeiten. Der Politiker und Schriftsteller hat auch gemalt und war darin nicht ungeschickt, ein Halbdutzend seiner Bilder hängen hier: ein Selbstporträt, ein paar Landschaften, die an die Arbeiten von Gabriele Münter erinnern. Zu seinen Künstlerfreunden gehörten Maler wie Max Liebermann, Lovis Corinth und Edvard Munch.

DER SCHRIFTSTELLER

Er war Chemiker, Industrieller, Politiker und Schriftsteller. Es gab Zeiten, da er vornehmlich durch seine Aufsätze und Bücher bekannt war. Die Gesamtausgabe seiner Werke, 1925 im angesehenen Verlag von Samuel Fischer erschienen, umfasst fünf Bände. Da war ihr Autor schon seit drei Jahren tot: umgebracht durch judenfeindliche Nationalisten.

Walther Rathenau wurde 1867 geboren, als ältester Sohn des Unternehmers Emil Rathenau, der einen der damals mächtigsten Elektrokonzerne Deutschlands schuf, die AEG. Das Interesse des Jungen an Geschäftlichem war gering. Lieber wollte er sich mit Kunst befassen oder Offizier werden. Für Letzteres existierten, da er Jude war, unüberwindbare Hindernisse. Resigniert fügte er sich in sein Schicksal und trat, nach abgeschlossenem Studium, in die AEG-Leitung ein. Er war darin ebenso tüchtig wie erfolgreich.

Nikolaikirche, Netzgewölbe der Nikolaikirche, Konzerthalle St. Georg

Der österreichische Romancier Robert Musil hat ihn damals erlebt und zu einer handelnden Figur seines großen Romans »Der Mann ohne Eigenschaften« gemacht. Rathenau heißt hier Arnheim, ist »ein vornehm bedachter Mann von phönikisch-antikem Typus« und verkörpert die »Vereinigung von Kohlekraft und Seele«. Die Anspielung ist exakt: »Vom Reich der Seele« heißt eine von Rathenaus Arbeiten. Außerdem schrieb er über Ethik und Wirtschaft, über Krieg und Frieden, über Gerhart Hauptmann und Frank Wedekind. Es gibt auch Verse von ihm.

1914 machte der antisemitische Kaiser Wilhelm Rathenau zu einem Hauptverantwortlichen für die deutsche Rüstungswirtschaft. Den Verlauf des großen Völkermordens hat der Politiker nachhaltig unterstützt, er war mitbeteiligt an Gründung und Aufbau der kriegswichtigen Leunawerke. Die Niederlage von 1918 bewirkte eine radikale Veränderung: Der Rechtsnationale wurde zum Liberalen, der Mann des Krieges zum Mann des Friedens, der Großindustrielle zum Kapitalismuskritiker. Der Mitbegründer der erzliberalen Deutschen Demokratischen Partei vertrat als Reichsaußenminister das besiegte Deutschland auf internationalen Konferenzen.

Von nationalistischer Seite wurde er fortwährend attackiert. Dort sang man: »Knallt ab den Walther Rathenau, / Die gottverdammte Ju-

Sprungschanzen, Kurpark, Marmorstier im Kurpark

densau!« Der Aufforderung folgte die Tat: Im Juni 1922 erschossen Angehörige des Freikorps ihn auf offener Straße.

Sein erster Biograf Harry Graf Kessler sah ihn so: »Rathenau strahlt eine sonderbare Kühle aus; doch ihm gegenüber bleiben nicht viele kühl: man muss ihn hassen oder lieben – oder auch zu gleicher Zeit beides. Das war sein Verhängnis im Leben, dass die kühle Abgeklärtheit, die er um sich verbreiten wollte, ihm als Liebe oder Hass wieder entgegenschlug.«

DIE UMGEBUNG

Die Gründung Freienwaldes erfolgte im Hochmittelalter. Der Ort war Lehen des Adelsgeschlechts Uchtenhagen, das im Barockzeitalter ausstarb. Danach nahmen die Hohenzollern von dem Gemeinwesen Besitz.

Freienwalde ist seit Langem ein Badeort und darf offiziell auch so heißen, da hier heilkräftige Wasser fließen. Sie wurden 1683 entdeckt, von Johannes Kunckel, Leibalchimist des Großen Kurfürsten. Dem Herrscher lag das gesundheitliche Wohlergehen seiner blessierten Offiziere am Herzen, weswegen er sich der praktischen Nutzung jener gesundmachenden Flüssigkeit persönlich annahm. Der auch als Kurfürsten- oder Königsquelle bekannte Gesundbrunnen ist seither im Gebrauch.

»Papenmühle« im Kurpark

Ab dem 19. Jahrhundert wurden neben Trinkkuren außerdem Moorbäder gegen den Rheumatismus verabreicht. Von den alten Logier- und Badeeinrichtungen existiert noch das von Carl Gotthard Langhans entworfene Landhaus. Der Kurpark ist ziemlich groß und durchaus ansehnlich.

Im Stadtinneren stehen ein paar hübsche Wohnhäuser aus den Zeitaltern von Barock und Klassizismus. Eindrucksvollste Kirche ist die von St. Georgen, ein Fachwerkbau von 1696 auf fast quadratischem Grundriss.

Außer Langhans haben noch andere brandenburgisch-preußische Stararchitekten in Freienwalde gebaut, als Erster Andreas Schlüter, dem das Missgeschick widerfuhr, dass sein für König Friedrich I. erbautes Lustschloss während eines Gewitters von abrutschenden Sandmassen bedrängt wurde, als gerade der Monarch darin weilte.

Die literarische Szene Bad Freienwaldes beginnt nicht erst mit Rathenau. Hier lebte der Drechselmeister und Volksdichter Karl Weise (1813–1888), den Fontane einen märkischen Hans Sachs nannte. Auf dem Friedhof begraben liegt der Dichter Victor Blüthgen (1844–1920), einst viel gelesen, heute kennt ihn kaum einer mehr.

1909 wurde in Bad Freienwalde Hans Keilson geboren. Der Sohn eines jüdischen Textilhändlers sang Bachkantaten im Kirchenchor. Später

Wandgemälde in der Innenstadt

studierte er Medizin, nebenher musizierte er und schrieb seinen ersten Roman, der 1933, noch vor dem Druck, von den Nazis verboten wurde. Keilson emigrierte in die Niederlande, nach Kriegsausbruch ging er in den politischen Untergrund. Später arbeitete er nahe Amsterdam als Psychiater. Seine Bücher erschienen in deutschen Verlagen, er wurde vielfach geehrt, seine Geburtsstadt machte ihn zum Ehrenbürger. 2011 ist er gestorben.

ZITAT

Eleganz ist die unmäßige Aufwendung von Mitteln und Kräften, um einen verhältnismäßig einfachen, auf anderm Wege nicht erreichbaren ästhetischen Effekt zu schaffen.
Auf dem Gegensatz der unbeschränkten Freiheit und der gewollten Verleugnung beruht diese Wirkung, die um ihres verzwickten Wesens willen an der Grenze der Ästhetik steht und stets Gefahr läuft, affektiert zu werden.
Prunk und Eleganz schließen einander ebenso aus wie Eleganz und Sparsamkeit.

Walther Rathenau: »Ungeschriebene Schriften«

ADRESSEN ZUR TOUR

Schloss Freienwalde
Rathenaustraße
16259 Bad Freienwalde (Oder)
Öffnungszeiten:
Seit 1.1.2017 geschlossen

Kurpark
Gesundbrunnenstraße 33
16259 Bad Freienwalde

Kirche St. Georg
wird heute als Konzertsaal genutzt
Georgenkirchstraße 1
16259 Bad Freienwalde (Oder)
Öffnungszeiten: Sa–Do 10–17 Uhr

Oderlandmuseum
Besiedelungsgeschichte des Oderbruchs und der Stadtgeschichte.
1889 gegründet, eines der ältesten Museen Brandenburgs
Uchtenhagenstraße 2
16259 Bad Freienwalde (Oder)
Öffnungszeiten: Mi bis Sa 11–17 Uhr
Eintrittspreise: 2 €, erm. 1 €.
Führung (nach Anmeldung) 20 €

Café Blaue Zwiebel
Gesundbrunnenstraße 32a
Bad Freienwalde
03344 1501927
www.cafe-blaue-zwiebel.de

Haus der Naturpflege
Naturschutzmuseum, Heuhotel, Schaugarten, Mulchgarten, Streuobstwiese und Aussichtsturm
Dr.-Max-Kienitz-Weg 2
16259 Bad Freienwalde (Oder)
Öffnungszeiten der Gärten:
Apr. bis Okt.: Di–So 10–17 Uhr
Nov. bis März Di–Fr 10–16 Uhr
Eintrittspreise: Museum: 0,50 €
Gärten/Turm: 2 €, erm. 1,50 €,
bis 16 J. 0,50 €
Führungen (nach Anmeldung): 3 €,
erm. 2,50 €, bis 16 J. 1 €

Bismarckturm
1895 erbaut, einer der ältesten Türme Deutschlands. 28 Meter hoch
B 167 zwischen Bad Freienwalde und Falkenberg, 16259 Bad Freienwalde
Öffnungszeiten:
Apr. bis Okt.: Di–So 10–17 Uhr

Kanuverleih Wriezen
Am Hafen 1
16269 Wriezen
Tel.: 033456 5744
Mobil: 0174 9222370
Mail: kontakt@kanuverleih-wriezen.de

ERZÄHLTHEORIE

SCHRIFTBILD

Nur wenige Manuskripte Kleists haben sich erhalten: zwei Dramen, einige Gedichte und kleinere Schriften, Briefe. Seine Werke erreichen uns überwiegend in gedruckter Form. Doch auf dem Weg vom Manuskript zum Buch verändern sich Texte, schon allein durch die unterschiedlichen Wortmengen pro Seite. Die Texte müssen sich den historischen Druckgegebenheiten sowie zeit- und verlagsbedingten Konventionen anpassen.
Der Zweck einer Werkausgabe bestimmt ebenfalls das Druckbild des Textes. Während historisch-kritische Editionen auf die Darstellung der Entstehungsgeschichte eines Textes zielen, indem sie sämtliche Fassungen, Varianten und Korrekturen unverändert aufnehmen, liefern Leseausgaben einen einzigen Text, der zur besseren Verständlichkeit gegebenenfalls den herrschenden grammatischen und orthographischen Normen angeglichen wird.

DER ZERBROCHNE KRUG
Manuskript, 1806

Des Künstlers Meißel

Heinrich von Kleist und Frankfurt/Oder

Rauminstallation im Kleist-Museum

LITERATURTOUR KOMPAKT

Anreise: Bahn: RE 1 oder 3193 von Berlin Ostbahnhof nach Frankfurt/Oder, weiter 1,4 km zu Fuß/ Rad
Auto: A10 Berliner Ring bis Abfahrt Frankfurt/ Oder Ausfahrt 9 auf der B112 Richtung Frankfurt Mitte bis zum Ziel, Dauer ca. 1 Stunde 20

Besichtigung: • Kleist-Museum, Theater des Lachens, Kleist-Forum, Städtische Museen Junge Kunst und Viadrina, St.-Marien-Kirche, Lennépark Frankfurt (Oder), Wildpark Frankfurt (Oder)

Einkehrmöglichkeiten: Frankfurter Kartoffelhaus

Bademöglichkeiten: Helenesee

Wander- und Radwege: Kleistroute, Oder-Neiße-Radweg, Jakobsweg

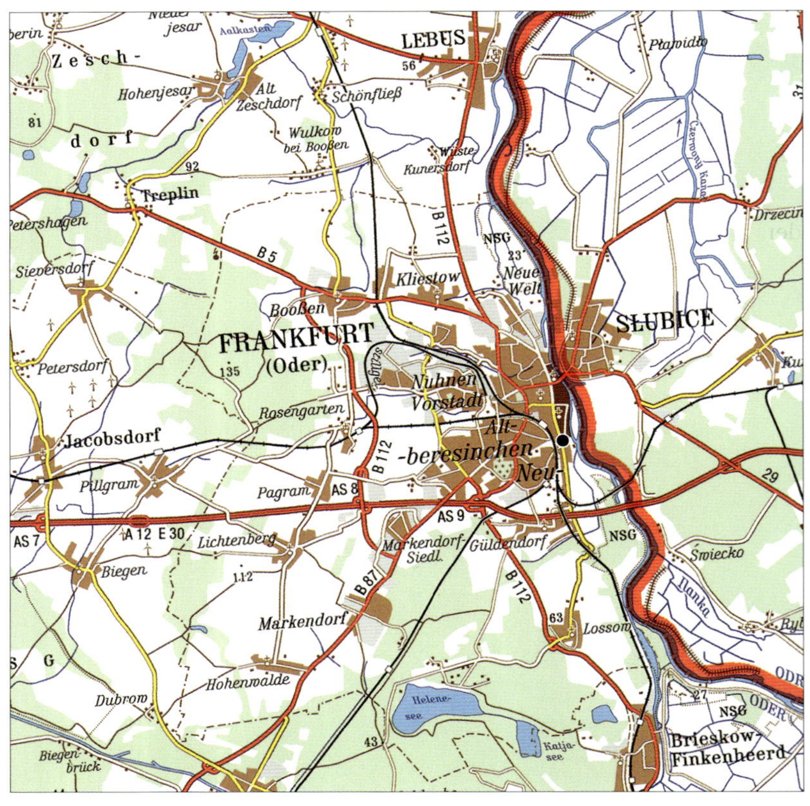

Kleist-Museum mit Anbau

DIE GEDENKSTÄTTE

Das Geburtshaus existiert nicht mehr. Wo es einst stand, ist eine Gedenktafel angebracht. Der Komplex am linken Oder-Ufer, bestehend aus dem barocken Gebäude einer ehemaligen Garnisonsschule und einem modernen Neubau, ist das gewiss größte und reichhaltigste Literaturmuseum im Land Brandenburg, völlig angemessen diesem Dichter, der, noch vor Theodor Fontane, der bedeutendste Autor ist, den die Mark je hervorgebracht hat.

Das wurde nicht immer so gesehen. Fast das gesamte 19. Jahrhundert hindurch wertete man Kleist, ebenso wie übrigens Georg Büchner, als einen Schriftsteller minderen Ranges. Heute gilt er neben den beiden Weimarer Dioskuren als ein Klassiker der Dichtung in deutscher Sprache. Seine dramaturgische Souveränität wird ebenso bewundert wie die außerordentliche Schönheit seines Prosastils.

Das Kleist-Museum versucht dem in seiner Tätigkeit gerecht zu werden. 1969 gegründet, hat es 2013 durch den Neubau seine Ausstellungsfläche verdoppelt. Die ständige Exposition steht vor dem Problem aller Literaturmuseen: Was, außer Porträtbildern, Autografen und Büchern, will und kann man eigentlich zeigen? In Frankfurt geht man das Wagnis ein, die Biografie und das Werk in je separaten Abteilungen vorzustellen. »Seine fiktionalen Welten«, so das Museum, »werden unter

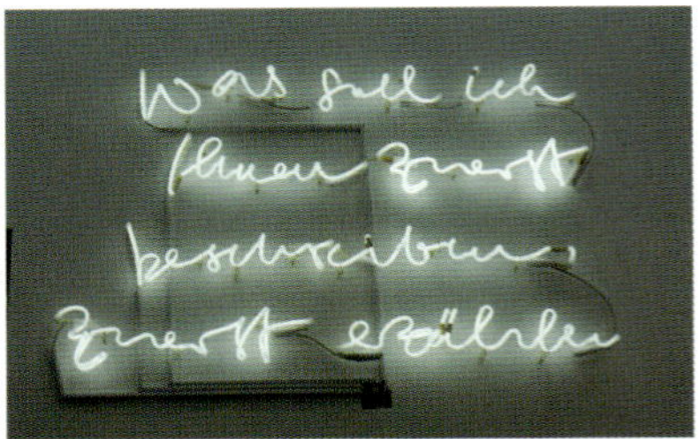

Preußische Uniform, Lichtinstallation, zeitgenössische Sprungdeckeluhr

vier thematischen Perspektiven ›pur‹, in auditiven Zitaten, vorgestellt. Ohne vorgefertigte Bilder anzubieten, ermöglicht die Ausstellung dadurch persönliche Zugänge zu Kleists Werk, die den individuellen Akt des Lesens spiegeln.« Der programmatische Titel für dies alles lautet: »Rätsel. Kämpfe. Brüche«. Es sind angemessene Begriffe für die durch vielerlei Verwerfungen geprägte Existenz dieses Dichters.

Das Museum besitzt die größte Sammlung von Kleist-Materialien überhaupt: Manuskripte, Bücher mit Texten von ihm, Bücher über ihn; die Bibliothek umfasst 35.000 Bände. Gedacht wird außerdem der beiden anderen Literaten aus der pommerschen Uradels- und Offizierssippe von Kleist: Ewald Christian und Franz Alexander.

Das Museum hat eine eigene Forschungsstelle. Neben der ständigen Exposition werden sorgfältig zusammengestellte Wechselausstellungen zu Kleist-nahen oder sonstigen literarischen Themen gezeigt. Das Museum bietet Platz für kulturelle Veranstaltungen verschiedenster Art.

DER SCHRIFTSTELLER

Das Leben Heinrichs von Kleist steht vielen der von ihm literarisch beschriebenen Schicksale an Dramatik kaum nach.

Geboren wurde er 1777 in Frankfurt an der Oder, sein Vater war hier Offizier. Aus dessen früherer Ehe gingen zwei Halbschwestern Hein-

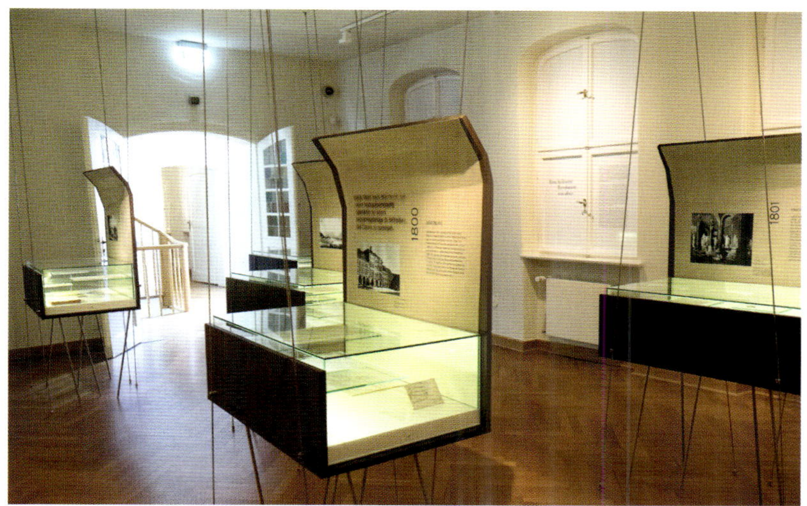

Ausstellungsraum

richs hervor, von denen die eine, Ulrike, eine lebenslange Vertraute des Dichters blieb. Für den Militärberuf war auch er bestimmt, der Familientradition entsprechend. Zuvor studierte er ein wenig, an jener Frankfurter Universität Viadrina, die ein paar Jahrzehnte später erst einmal geschlossen wurde.

Seine Soldatenzeit begann in Potsdam. Er musste am Feldzug gegen das republikanische Frankreich teilnehmen, dabei war er zu jener Zeit den Ideen der französischen Aufklärung durchaus zugeneigt. Nicht nur deshalb, auch aus prinzipieller Abneigung quittierte er den Heeresdienst und begann wieder zu studieren, hauptsächlich naturwissenschaftliche Fächer.

Erneut brach er ab. Er wurde Volontär in einem preußischen Ministerium. Er verlobte sich, zu einer Heirat würde es nie kommen. Zusammen mit Ulrike reiste er in die Schweiz, besuchte auch Paris und zeigte sich angeekelt von den dortigen Zuständen; seither hegte er eine Art Grundmisstrauen gegen Frankreich. 1802 kehrte er nach Preußen zurück, probierte sich in allerlei Verwaltungsämtern und begann schließlich ein Leben als Literat.

Er schrieb Theaterstücke und erzählende Prosa. Sein »Zerbrochener Krug«, den übrigens Goethe zur (missglückten) Uraufführung brachte, gehört zu den drei kanonisierten Komödien unserer Literaturgeschich-

Buchinstallation

te. Seine Novelle um den Pferdehändler Michael Kohlhaas ist einer der glanzvollsten Prosatexte, den wir in deutscher Sprache besitzen; sein Prosastil hat Schule gemacht, bis hin zu Franz Kafka.

Er hat eine Tageszeitung gegründet und geleitet, die »Berliner Abendblätter«. Er musste sie einstellen, da er mit der Zensur in Konflikt geriet. Er war ein leidenschaftlicher Gegner Napoleons, was ein Schlüsselstück, »Die Hermannsschlacht«, auf drastische Weise belegt. Er war ein Dichter extremer Haltungen und Emotionen, wofür, wie manche seiner Interpreten meinen, sein unglückliches, wiewohl nicht genau benennbares Verhältnis zu Frauen und zur Sexualität mitbestimmend war.

Er endete durch Selbstmord. Gemeinsam mit einer gemütskranken Berlinerin, Henriette Vogel, hat er sich 1811 am Ufer des Berliner Kleinen Wannsees umgebracht. Seine berühmt gewordenen letzten Worte lauteten, geschrieben an Ulrike: »… die Wahrheit ist, dass mir auf Erden nicht zu helfen war.«

DIE UMGEBUNG

Frankfurt ist seit 1945 eine Stadt an der Grenze. Die am östlichen Oderufer gelegene einstige Frankfurter Dammvorstadt heißt heute Słubice und gehört zu Polen. Gegründet wurde Frankfurt im Hochmittelalter.

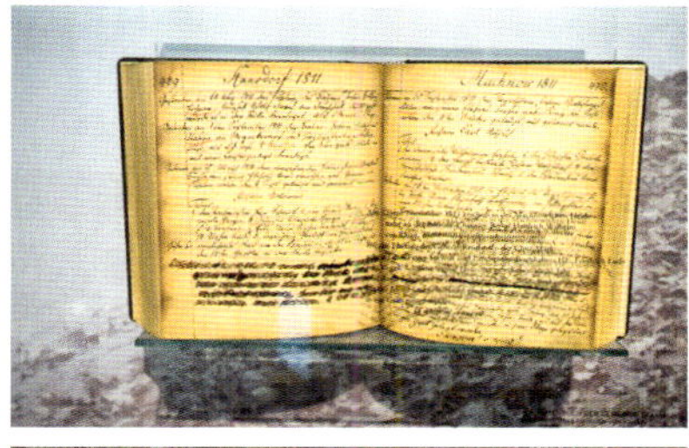

Installation zu Kleists Selbstmord, Kirchenregister, Gedenkstein

Der Name geht vermutlich auf Siedler zurück, die ihn von der Stadt am Main übernahmen.

Auch an der Oder war der Flussübergang für die Entstehung maßgeblich; er diente einer alten ostwestlichen Handelsstraße. Warentransport und Warenaustausch blieben bestimmend für die weitere Stadtentwicklung. Frankfurt war Hansemitglied und gehörte schließlich zu Preußen.

Frankfurt war Universitätsstadt und Garnison. Die Hochschule, eine Gründung des Reformationszeitalters, wurde 1811 nach Berlin verlegt. Ab 1870 überquerte hier, auf einer Brücke, die Eisenbahn den Fluss.

Die Zerstörungen im Zweiten Weltkrieg waren erheblich. Die DDR errichtete in Frankfurt ein großes Halbleiterwerk, das, nach der deutschen Wiedervereinigung, noch eine Weile weiterbestand und verschiedene Betreiber hatte, ehe es endgültig schloss. Die wirtschaftlichen und sozialen Folgen für die Stadt waren erheblich. Dafür wurde sie nun wieder Hochschulstandort: Unter dem alten Namen Viadrina (der den lateinischen Namen der Oder übernimmt) immatrikuliert die Universität Studenten sowohl aus Deutschland als auch reichlich aus Polen. Überhaupt ist die Demarkationslinie, da für beide Länder das Schengen-Abkommen gilt, inzwischen mühelos passierbar. Mehrere Brücken überqueren die Oder. Der kleine Grenzverkehr ist lebhaft.

Kirchenschiff St. Marien, Kirchfenster, Pflaster mit Stifternamen

Die Stadt Frankfurt hat einige Gebäude von architekturhistorischem Rang. Dazu gehören das alte Rathaus mit seiner schönen backsteingotischen Fassade, und, vor allem, die backsteingotische Marienkirche. Sie trug einst schwere Kriegsschäden davon, die inzwischen weitgehend beseitigt wurden; die sehr schönen und sehr wertvollen mittelalterlichen Bleiglasfenster mit ihren Bibelillustrationen, unmittelbar nach dem Krieg in die Sowjetunion ausgelagert, kehrten zurück an ihren alten Platz.

ZITAT

Ich scheue mich auch nicht Dir zu gestehen, dass die Aussicht auf Deine Freundschaft, so sehr ich sonst andere Universitäten zu beziehen wünschte, mich dennoch, wenigstens zum Teil, bestimmte, meinen Aufenthalt in Frankfurt zu wählen. Denn Grundsätze und Entschlüsse wie die meinigen, bedürfen der Unterstützung, um über so viele Hindernisse und Schwierigkeiten unwandelbar hinausgeführt zu werden.

(...)

Tausend Menschen höre ich reden und sehe ich handeln, und es fällt mir nicht ein, nach dem Warum? zu fragen. Sie selbst wissen

Städtische Museen, Turm der Marienkirche, Speicher am Oderufer

es nicht, dunkle Neigungen leiten sie, der Augenblick bestimmt ihre Handlungen. Sie bleiben für immer unmündig und ihr Schicksal ein Spiel des Zufalls. Sie fühlen sich wie von unsichtbaren Kräften geleitet und gezogen, sie folgen ihnen im Gefühl ihrer Schwäche wohin es sie auch führt, zum Glücke, das sie dann nur halb genießen, zum Unglücke, das sie dann doppelt fühlen.

Eine solche sklavische Hingebung in die Launen des Tyrannen Schicksal, ist nun freilich eines freien, denkenden Menschen höchst unwürdig. Ein freier, denkender Mensch bleibt da nicht stehen, wo der Zufall ihn hinstößt; oder wenn er bleibt, so bleibt er aus Gründen, aus Wahl des Bessern.

Er fühlt, daß man sich über das Schicksal erheben könne, ja, daß es im richtigen Sinne selbst möglich sei, das Schicksal zu leiten. Er bestimmt nach seiner Vernunft, welches Glück für ihn das höchste sei, er entwirft sich seinen Lebensplan, und strebt seinem Ziele nach sicher aufgestellten Grundsätzen mit allen seinen Kräften entgegen.

Denn schon die Bibel sagt, willst du das Himmelreich erwerben, so lege selbst Hand an.

Aus einem Brief an Ulrike

Altes Rathaus

> Des Künstlers Meißel übt sich an Kristallen,
> Die schon von selbst mit Farben spielen, nicht;
> Er übt sich an dem rohen Kiesel, den
> Des Knaben Fußtritt nicht verschonte, wühlet
> Sich durch die Rinde, lockt den Feuerfunken,
> Der in des Kiesels kaltem Busen schlummert,
> In tausend Blitzen aus dem Stein hervor
> Und schmückt mit ihm der Herrscher Diadem.
>
> *An Wilhelmine*

ADRESSEN ZUR TOUR

Kleist-Museum
Faberstraße 6–7
15230 Frankfurt (Oder)
Öffnungszeiten: Di–So 10–18 Uhr
Eintrittspreise: 5 €, erm. 3 €, Schüler 0,50 €, zusätzlich Sonder- und Gruppenkarten möglich

Theater des Lachens
Puppen- und Figurentheater
Ziegelstraße 31, 15230 Frankfurt (Oder)
Eintrittspreise:
Kindervorstellungen Kinder 4 €, Erwachsene 6 €;
Abendveranstaltungen 14 €, erm. 10 €, Schüler & Studenten 6 €;

Jugendveranstaltungen (ab 12 Jahren) 6 €. Zusätzlich Sonder- und Gruppenkarten möglich

Kleist-Forum
Unterschiedliche Veranstaltungen wie Oper, Konzert, Lesung, Theater
Platz der Einheit 1
15230 Frankfurt (Oder)
Öffnungszeiten der Konzert- und Theaterkasse: Mo–Fr 12–18 Uhr

Städtische Museen Junge Kunst und Viadrina
Kunstmuseum mit über 11.000 Objekten und kulturhistorisches Museum mit Dauerausstellung über die Geschichte Frankfurts
Carl-Philipp-Emanuel-Bach-Straße 11
15230 Frankfurt (Oder)
Öffnungszeiten: Di bis So 11–17 Uhr
Eintrittspreise: Abhängig von den besuchten Bereichen. Insg. 13,50 €, erm. 30% reduziert, unter 18 Jahren 15% reduziert.
Zusätzlich Sonder- und Gruppenkarten möglich sowie Führungen und Vorträge

St.-Marien-Kirche

Oberkirchpl. 1

Telefon: 0335 22442
15230 Frankfurt (Oder)
Öffnungszeiten:
Okt. bis Apr.: 10–16 Uhr
Mai bis Sept. 10–18 Uhr
Führungen:
Nach Vereinbarung über die Tourist-Information Frankfurt (Oder)
Karl-Marx-Straße 1
15230 Frankfurt (Oder)

Lennépark Frankfurt (Oder)
Im Zentrum gelegene 8,3 ha große Parkanlage im englischen Stil mit mehreren Gewässern. Benannt nach dem Architekten Peter Joseph Lenné

Wildpark Frankfurt (Oder)
Großräumige und artgerechte Gehege mit heimischen Tierarten, mit Imkerei
Gronenfelder Weg 22
15234 Frankfurt (Oder)
Öffnungszeiten:
Apr. bis Okt.: 9–18 Uhr,
Nov. bis März: 9–16 Uhr
Eintrittspreise: 3 €, erm. 2 €, Kinder (4–14 Jahre) 1 €. Zusätzlich Sonder-, Gruppenkarten und Führungen möglich

Frankfurter Kartoffelhaus
Holzmarkt 7
15236 Frankfurt (Oder)
Telefon: 0335 530747
Telefax: 0335 540770
info@frankfurter-kartoffelhaus.de
www.frankfurter-kartoffelhaus.de

Zwischen märkischem Kiefernforst und morastigen Seen

Gerhart Hauptmann in Erkner

Am Bretterschen Graben

LITERATURTOUR KOMPAKT

Anreise: Bahn: RE 1 von Alexanderplatz Richtung Frankfurt/ O 2 Stationen bis Erkner oder S3 von Ostkreuz bis Erkner, weiter 1,2 km zu Fuß/ Rad
Auto: B1/ B5 Richtung Osten, in Vogelsdorf auf Berliner Ring A10, Ausfahrt 6 Richtung Erkner, Fangschleusenstr., Dauer 45 min

Besichtigung: • Gerhart-Hauptmann-Museum (gute Parkmöglichkeiten), Heimatmuseum (gute Parkmöglichkeiten), Kunststoff- und Chemie-Kabinett (KuCK)

Einkehrmöglichkeiten: Kellings Schifferstube

Bademöglichkeiten: Dämmeritzsee, Flakensee

Wanderwege: Spree-Radwanderweg, Europa-Radwanderweg R1, Spreeradweg, Oder-Spree-Tour, Gerhart- Hauptmann-Wanderweg, Fontaneweg, 66-Seen-Wanderweg, Alte Poststraße, Albert-Kiekebusch-Weg, Wanderweg am Flakenfließ, Wanderweg am Bretterschen Graben

Wassertourismus: Fahrgastschifffahrt Reederei Kutzker, Stern- u. Kreisschifffahrt, Anlegestellen für individuelle oder geführte Bootstouren, Tauchkurse

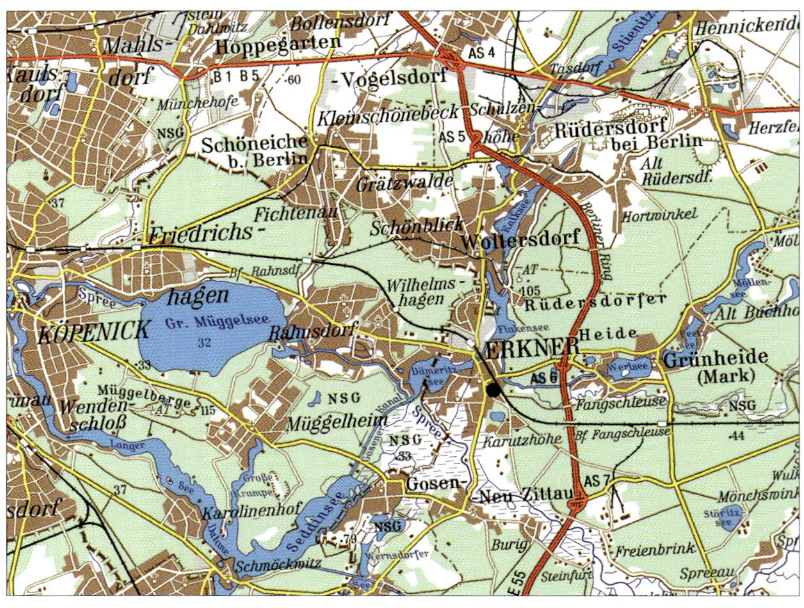

Gerhart-Hauptmann-Museum

DIE GEDENKSTÄTTE

Das Gerhart-Hauptmann-Museum in Erkner ist eine von insgesamt fünf Erinnerungsstätten, die diesem Dichter gewidmet sind. Von den übrigen befinden sich zwei im schlesischen Riesengebirge, das heute zu Polen gehört: Schreiberhau, polnisch: Szklarska Poręba, wo die Familie des Dichters zusammen mit der seines Bruders Carl auf längere Zeit daheim waren. Dann noch Agnetendorf, polnisch: Jagniątków, wo er zuletzt gelebt hat und wo er ein großes Wohnhaus besaß. In Deutschland befinden sich die Gedenkstätten in Kloster auf Hiddensee, wo der Dichter eine Sommerbleibe besaß, und in Radebeul, wo er einige Jahre zubrachte und wo sich nach dem Zweiten Weltkrieg Teile seines Nachlasses befanden.

Das Haus in Erkner, das jenen Nachlass heute betreut, ist eine zweistöckige Villa von neoklassizistischer Anmutung. Hauptmann lebte darin von 1885 bis 1889, drei seiner Söhne wurden hier geboren. Dass er überhaupt hierher zog, hatte unter anderem medizinische Gründe: Er litt unter offener Tuberkulose, der Aufenthalt in der märkischen Luft und zumal die Emissionen der im Ort befindlichen Teerfabrik sollten ihm gut tun. Hier schrieb er jene Texte, mit denen er berühmt wurde: die Novelle »Fasching« und »Bahnwärter Thiel« sowie das Theaterstück »Vor Sonnenaufgang«. Der Besitzer der Villa, Nicolaus Lassen, wurde zur Figur

Ausstellungsräume im Anbau der Villa Lassen

eines Hauptmannschen Theaterstücks: Als Rentier Krüger kommt er in der Komödie «Der Biberpelz« vor.

Das Museum in Erkner existiert seit 1957. Es hat sich von einem schlichten Gedenkort zu einer auf mehrere Räume ausgedehnten ständigen Ausstellung entwickelt, die das Leben und Werk des Dichters in ausgesuchten Exponaten vorstellt. Zu den Exponaten gehören einige Bildhauerarbeiten von Hauptmann selbst und eine Reihe von Hauptmann-Porträts, etwa von Emil Orlik und Max Liebermann. Hörstationen bieten Tonaufnahmen von einigen Texten Hauptmanns.

Für die Komödie »Der Biberpelz« existiert ein eigenes Kabinett; das Vorbild der Hauptfigur Mutter Wolffen war Mitbewohnerin in der Villa Lassen. Zusätzlich gibt es noch drei Zimmer mit teilweise originalen Inneneinrichtungen aus Hauptmanns Besitz: Möbeln, Bildern, Plastiken, Geschirren, Büchern.

Es existiert ein Gerhart-Hauptmann-Wanderweg, der, beginnend beim Museum, zu verschiedenen Adressen in und nahe Erkner führt. Sie sind entsprechend gekennzeichnet und beziehen sich auf Angaben des Dichters.

In dem Garten vor dem Museum stehen Plastiken der Bildhauerin Sabine Grzimek. Das Haus steht auch für Veranstaltungen offen.

Bronzeplastik, Bühnenbild, ehemalige Wohnräume Hauptmanns

DER SCHRIFTSTELLER

Gerhart Hauptmann wurde 1862 im niederschlesischen Obersalzbrunn geboren. Er besuchte die Dorfschule, später die Realschule in Breslau, er unternahm mehrere Anläufe zu einer Berufsausbildung, darunter der zum Bildhauer; nichts davon brachte er zu Ende. Er lebte in Jena, in Rom, in Dresden, schließlich ging er nach Berlin, wo er Anschluss an die dortige Literaturszene fand.

Den Durchbruch erfuhr er mit der Uraufführung seines Dramas »Vor Sonnenaufgang« (1889), das einen förmlichen Theaterskandal provozierte. Gerhart Hauptmann wurde zum prominenten Autor des Naturalismus, wo es um eine ungeschminkte, eine kritische Wiedergabe von gesellschaftlichen Wirklichkeiten ging.

Weitere dramatische Arbeiten dieses Stils waren das historische Sozialdrama »Die Weber« und die Komödie «Der Biberpelz«, die wahrscheinlich populärste Arbeit des Autors.

Das im Schlesischen spielende Stück «Hanneles Himmelfahrt« folgte der eben in die Mode gekommenen Neuromantik, ebenso das dereinst höchst erfolgreiche Versdrama »Die versunkene Glocke«. Spätere Stücke wie »Rose Bernd«, »Fuhrmann Henschel« und »Die Ratten« kehrten zurück zur Sozialkritik aus naturalistischer Tradition. Daneben gibt es historische Dramen von ihm, ein Beispiel ist »Florian Geyer«. Mit «Der Narr

Villa Bechstein

in Christo Emmanuel Quint« schrieb Hauptmann seinen ersten Roman, dem weitere folgen würden.

Sein Gesamtwerk ist äußerst umfangreich. Es umfasst Dramatisches, Episches, Lyrik, Versdichtungen, Autobiografien. 1912 wurde Gerhart Hauptmann mit dem Nobelpreis für Literatur ausgezeichnet.

Erfolgreich war er seit seinen literarischen Anfängen, wobei er, je älter er wurde, eine deutliche Neigung zum Ausgleich mit den politisch Mächtigen bewies. Zwar konnte ihn Kaiser Wilhelm II. nicht ausstehen, doch begrüßte er emphatisch den vom Kaiser losgetretenen Ersten Weltkrieg. Die Republik von Weimar sah in ihm ihren obersten literarischen Repräsentanten. Mit Adolf Hitlers Regime hatte er problemlosen Umgang, was ihm viele Emigranten verübelten.

Seine letzten dramatischen Arbeiten galten Stoffen aus der antiken Mythologie, es waren Stücke um Agamemnon, Elektra und Iphigenie. Man hat darin eine versteckte Kritik an der Hitler-Diktatur erkennen wollen. Gestorben ist er 1946 in Agnetendorf. Sein Leichnam wurde drei Monate später, unter beträchtlichem kommunistisch-kulturpolitischem Getöse, nach Ostdeutschland überführt und beigesetzt auf dem Friedhof von Kloster auf Hiddensee.

Südufer des Dämeristzsee

ZITAT

Unser Leben war schön. Natur und Boden wirkten fruchtbar belebend auf uns. Wir waren entlegene Kolonisten. Die märkische Erde nahm uns an, der märkische Kiefernforst nahm uns auf. Kanäle, schwarz und ohne Bewegung, laufen durch ihn hin, morastige Seen und große verlassene Tümpel unterbrechen ihn, mit Schlangenhäuten und Schlangen an ihren Ufern. Es war im Herbst, als wir unsere abgelegene Villa bezogen und einrichteten.

(…)

In Erkner nahm ich mein altes Leben mit Wanderungen und Beobachtungen aller Art wieder auf. Ich machte mich mit den kleinen Leuten bekannt, Förstern, Fischern, Kätnerfamilien und Bahnwärtern, betrachtete eine Waschfrau, ein Spitalmütterchen eingehend und mit der gleichen Liebe, als wenn sie eine Trägerin von Szepter und Krone gewesen wäre. Ich unterhielt mich mit den Arbeitern einer nahen chemischen Fabrik über ihre Leiden, Freuden und Hoffnungen und fand hier, in nächster Nähe Berlins, besonders auf den einsamen Dörfern, ein Menschenwesen, das sich seit einem halben Jahrtausend und länger unverändert erhalten hatte.

Gerhart Hauptmann: »Das Abenteuer meiner Jugend«

Ehemalige Postsäule, Steg des Kanuclubs Erkner, Heimatmuseum

DIE UMGEBUNG

Erkner ist ein vergleichsweise junger Ort. Erstmals urkundlich erwähnt wurde Arckenow im Jahr 1579, der Ortsname wandelte sich dann in Erkenau und Erkener. Die Siedlung war winzig, lange Zeit bestand sie bloß aus ein paar meist von Fischern bewohnten Häusern. Seit 1712 bestand eine Posthalterei. Preußenkönig Friedrich II. ließ Siedler kommen und befahl den Anbau von Maulbeerbäumen für die Seidenraupenzucht, die hier wie sonst im Bandenburgischen nicht recht gelang.

Der Aufschwung erfolgte durch den Anschluss an die Eisenbahn sowie durch die Binnenschifffahrt, die das Baumaterial für die expandierende Großstadt Berlin transportierte. Es folgte eine Karriere als Industriestandort. Der Unternehmer Julius Rüttgers begann seine Teerdestillation. Später wurde auf seinem Gelände der Kunststoff Bakelit entwickelt und produziert.

Bis 1889 Ortsteil von Rüdersdorf, wurde Erkner nun zur selbstständigen Kommune. In der Hitler-Zeit entstand ein Werk für Kugellagerherstellung, mit zuletzt zweitausend Beschäftigten, darunter viele Zwangsarbeiter. Es war diese Fabrik, die 1944 zu einem alliierten Bombenangriff führte, der von den 1.333 Häusern Erkners 1.007 zerstörte.

Die Industrieproduktion setzte sich nach dem Kriegsende fort im Zeichen des DDR-Sozialismus. Die Schadstoffemissionen waren erheblich.

Der Wiederaufbau des zerstörten Zentrums erfolgte durch uniforme Plattenbauten, die heute noch stehen, die meisten äußerlich veredelt. Die Dreckschleudern sind geschlossen. Das Rathaus sitzt in der einstigen Villa des Piano-Fabrikanten Bechstein. Neben dem Hauptmann-Museum existiert, im Sonnenluch an der Heinrich-Heine-Straße, ein Heimatmuseum, untergebracht in einem langgestreckten einstöckigen Fachwerkgebäude, das zweihundert Jahre alt ist und denkmalgeschützt. Man kann hier auch heiraten.
Erkner ist heute wieder, was es bis tief ins zwanzigste Jahrhundert war: ein Ausflugs- und Luftkurort. Abseits der großen Straßen stehen ansehnliche Villen und erstrecken sich die Ufer von Flaken- und Dämeritzsee. Boote und Schiffe fahren vorbei oder legen an. Vom Wasser aus ist Erkner sehr schön.

ADRESSEN ZUR TOUR

Gerhart-Hauptmann-Gedenkstätte
Gerhart-Hauptmann-Straße 1/2
15537 Erkner
Infos unter 03362-36 63
info@hauptmannmuseum.de
Öffnungszeiten:
Di bis So 11–17 Uhr
www.gerhart-hauptmann.org
Preise: Eintritt 2 €

Heimatmuseum
Heinrich-Heine-Str. / Ecke Pfälzer Str.
15537 Erkner
Infos unter 03362-2 24 52
info@heimatverein-erkner.de
www.heimatverein-erkner.de
Öffnungszeiten: Mi 13–17 Uhr,
Sa 13–17 Uhr , So 13–17 Uhr
Eintritt 1,30 €, Erm. 0,80 € Gruppen,
Schulklassen 0,50 €

Kunststoff- und Chemie-Kabinett (KuCK)
Beuststr. 1/Ecke Friedrichstr.
15537 Erkner
Infos unter: 03362-6533480
Öffnungszeiten: Mi 14–17 Uhr
und So nach Vereinbarung

Kellings Schifferstube
Inhaber Jörg Kelling
Uferstraße 20
15537 Erkner
Telefon 03362 4791
Mobil 0179 8615763
info@Kellings-Schifferstube.de
www.Kellings-Schifferstube.de

Reederei Kutzker
Michael Kutzker
Waldpromenade 10
15537 Grünheide
Infos unter 03362-6251
reedereikutzker@googlemail.com
www.reederei-kutzker

Stern und Kreisschiffahrt GmbH Berlin
Puschkinallee 15
12435 Berlin
Infos unter 030-53 63 60 0
info@sternundkreis.de
www.buchung.sternundkreis.de

Kanu-Club-Erkner e.V. (KCE)
Bootshaus Fröbelstraße 12a
15537 Erkner
Infos unter info@kc-erkner.de
www.kc-erkner.de

Moralische Instanz

Franz Fühmann und Märkisch-Buchholz

Kiefernwald bei Märkisch-Buchholz

LITERATURTOUR KOMPAKT

Anreise: Bahn: von Ostkreuz mit RB 24 Richtung Senftenberg 6 Stationen bis Halbe, Umstieg zur Bushaltestelle Goetheplatz, ca. 6 min Fußweg, von dort mit dem Bus 725 nach Märkisch Buchholz
Auto: A 113 Richtung bis zur Abfahrt 5a Teupitz, der L74 bis B179 in Märkisch-Buchholz
Besichtigung: • Franz Fühmann Literatur- und Begegnungszentrum Märkisch Buchholz e.V. (auch Standort der örtliche Bibliothek), Literaturpfad Orte Franz Fühmanns, Reste des Jüdischen Friedhofes
Einkehrmöglichkeiten: Kühn's Gasthaus
Bademöglichkeiten: Köthener See
Wanderwege: Lesefährte Waldweise, Dahmeradweg, Rundwanderweg Köthener Heideseen, Stadtrundwanderung Märkisch Buchholz
Wassertourismus: Kanussport Dahmeland, Biwakplatz für Wasserwanderer mit Kanusstation

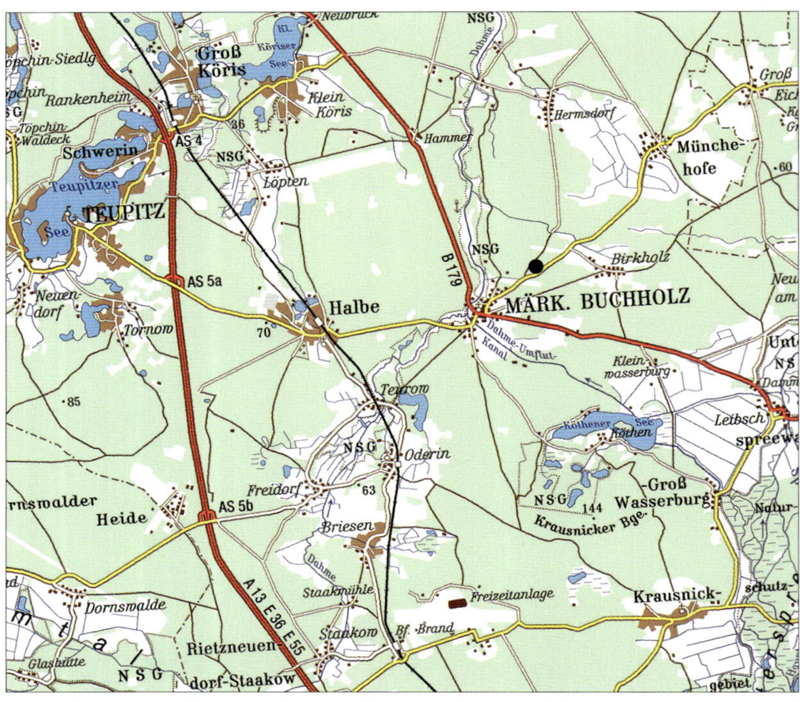

Fühmann-Denkmal

DIE GEDENKSTÄTTE

In der kleinen Ortschaft Märkisch-Buchholz, auf dem dortigen Moritzplatz, steht seit 2006 ein Denkmal für den Schriftsteller Franz Fühmann. Es handelt sich um eine auf einem grauen Steinsockel angebrachte Metall-Stele, deren unterer Teil den Namen und die Lebensdaten mitteilt, während die darüber stehende größere Platte ein Brustbild zeigt, als flaches Relief. Außerdem finden sich dort Worte aus einem Fühmann-Gedicht: »… tiefer, immer zum Grund zu, irdischer, näher der Wurzel der Dinge, ins Wesen.«

Schöpfer der Stele ist der 1930 in Dresden geborene Bildhauer Wieland Förster. Er erfuhr, darin ähnlich Franz Fühmann, erhebliche politische Konflikte mit der offiziellen DDR, zumal in seinen Anfängen, als er sich dem sozialistisch-realistischen Kunstdiktat verweigerte. Später wurden er und seine Arbeiten respektiert und mit Ämtern belohnt. Er war mit Fühmann persönlich bekannt. Entstanden ist das Denkmal durch eine Initiative des örtlichen Franz-Fühmann-Freundeskreises.

Nach dem Dichter heißt außerdem ein Veranstaltungsort: das Franz-Fühmann Literatur- und Begegnungszentrum in der Münchehofer Straße. Das Gebäude, früher ein Schulhaus, unterhält ein Literaturcafé, eine Bibliothek und eine kleine Ausstellung.

Bibliothek und Begegnungszentrum

Das Haus, in dem Fühmann viele Jahre gelebt und gearbeitet hat, liegt etwas außerhalb des Ortes und ist schwer zu finden. Es handelt sich um ein bescheidenes Anwesen, ganz entsprechend dem Lebensstil dieses Dichters, dem Prätentiöses fremd war.

Er ließ sich in Märkisch-Buchholz beisetzen. Sein Grab liegt auf dem örtlichen Friedhof.

DER SCHRIFTSTELLER

Es gibt wenige deutschsprachige Autoren des 20. Jahrhunderts, die, wie Franz Fühmann, getreulich die totalitären politischen Irrtümer ihres Zeitalters abgeschritten haben, um dann, ernüchtert, jedes Mal die Konsequenz zu ziehen.

Geboren wurde er 1922 im böhmischen Riesengebirge, sein Vater war Apotheker. Seine schulische Ausbildung erfuhr er unter anderem in einem Jesuitenkonvikt. Er begann zu studieren und wurde Mitglied einer Burschenschaft, später trat er Hitlers Bürgerkriegstruppe SA bei, aus ehrlicher Überzeugung. Er wurde Soldat an der Ostfront und geriet in sowjetische Gefangenschaft. Dort besuchte er eine Antifa-Schule, die ihn zu einem überzeugten Sozialisten machte.

1949 entlassen, ging er in die DDR und wurde Mitglied der in Ostdeutschland für ehemalige NS-Angehörige gegründeten Nationaldemo-

Fühmann-Zimmer

kratischen Partei. In deren Apparat war er eine Weile tätig. Er begann zu schreiben. Seine erste Veröffentlichung, »Die Fahrt nach Stalingrad«, war die poetische Abrechnung mit seinen Überzeugungen vor 1945. Die NDPD würde er 1972 verlassen. Bis dahin war sein politisches Engagement für die Sache des ostdeutschen Sozialismus gründlich erschüttert worden. Das Land mochte er dennoch nicht verlassen, obgleich sich ihm dafür die Möglichkeiten boten. Er wollte seine selbstquälerischen Zweifel dort austragen, wo sie entstanden waren.

Seine literarische Begabung war groß, sein Schaffen vielseitig. Er schrieb Lyrik, erzählende Prosa, Reportagen und Essays, er war Nachdichter, und vor allem seine Kinderbücher waren erfolgreich. Ungemein belesen und gebildet, setzte er sich für Autoren ein wie Sigmund Freud und Georg Trakl, die der in der DDR herrschenden Ideologie fremd und unbequem waren. Er beriet und förderte literarische Talente, die sich mit dem ostdeutschen Staat in Konflikt befanden. Im DDR-Kulturleben wurde er so etwas wie eine vielfach respektierte moralische Instanz.

Sein Haus in Märkisch-Buchholz bewohnte er seit 1954. Gestorben ist er 1984 in Berlin. In seinem 1983 verfassten Testament finden sich diese Sätze: »Ich habe grausame Schmerzen. Der bitterste ist der, gescheitert zu sein: In der Literatur und in der Hoffnung auf eine Gesellschaft, wie wir sie alle einmal erträumten.«

Wassertreppe an der Dahme, historischer Mühlstein, Jüdischer Friedhof

DIE UMGEBUNG

Märkisch-Buchholz hat etwas über siebenhundert Einwohner, gleichwohl darf es Stadt heißen und ist damit eine der überhaupt kleinsten im gesamten Deutschland. Der administrative Rang weist hin auf eine wirtschaftlich erhebliche Vergangenheit, von der nicht viel überkommen ist. Ursache war unter anderem der letzte Krieg, der Märkisch-Buchholz, wie die gesamte Region, stark in Mitleidenschaft gezogen hat.

Die Ortschaft wirkt etwas spröde und ein wenig vergessen. Es gibt eine hübsche, auf die Anregung eines Hohenzollernprinzen hin errichtete Dorfkirche von 1753. Märkisch-Buchholz hatte einst einen starken jüdischen Bevölkerungsanteil. An der Birkenstraße finden sich Überreste des israelitischen Friedhofs.

In unmittelbarer Nachbarschaft zu Märkisch-Buchholz liegt die Gemeinde Halbe. Ihr trauriger Ruhm geht zurück auf eines der letzten großen militärischen Ereignisse des Zweiten Weltkriegs, bekannt als Kessel von Halbe. Das endete mit der Niederlage der deutschen Truppen, sechzigtausend Menschen kamen dabei ums Leben. Die knappe Hälfte von ihnen wurde auf dem Waldfriedhof beigesetzt, hinzu kamen dort die Gräber von fast fünftausend Opfern eines sowjetischen Internierungslagers, das sich in Ketschendorf bei Fürstenwalde befand. Ein auffälliges Denkmal mit einer steinernen Glocke erinnert an alle Toten.

ZITAT

Auf jeden Fall schreib ich Dir mal den Weg: Autobahn Dresden; Abzweigung Halbe/Teupitz; nach Halbe; Weg nach M. B. gut ausgeschildert; Du kommst auf den Marktplatz, fährst einen Viertelbogen, kommst auf die F 179, bleibst aber nur 60 m drauf, über die nächste Kreuzung weg, und sofort dahinter halblinks halten, die F 179 geht halbrechts weiter nach Lübben, halblinks zweigt der Birkholzer Weg (so beschildert) ab. Da fährst Du eine Plattenstraße bis zum Ende, rechts eine Hühnerfarm, das Ortsendeschild, es beginnt ein grauenvoll aussehender Waldweg, aber der hat festen Untergrund, nur Schlaglöcher. Vor Dir siehst Du in ca 500 m Entfernung ein Hügelchen, das deutlich den Horizont begrenzt, darüber darfst Du nicht hinaus, sonst bist Du verloren. Knapp vor dem Hügelchen siehst Du links eine Villa, das ist es nicht; rechts taucht, wie es sich gehört, etwas Draht & Beton auf, verfallene Betonpfeiler und Reste Draht dran, eine spitze Ecke, und dahinter, kaum sichtbar, ein Häusle, das ists.

Aus einem Brief an Christa Wolf

ADRESSEN ZUR TOUR

Internationaler Franz Fühmann Freundeskreis
Hasenheide 71
10967 Berlin-Kreuzberg
paul.alfred.kleinert@web.de

Franz Fühmann Literatur- und Begegnungszentrum Märkisch Buchholz e.V.
Münchehofer Straße 1
15748 Märkisch Buchholz
Tel: 033765 20349
info(at)franz-fuehmann-litbeg(dot)de
Mittwoch
8.00 – 12.00 Uhr und 14.00 – 18.00 Uhr

Literaturpfad Orte Franz Fühmanns

Reste des Jüdischen Friedhofes
Birkenstraße

Biwakplatz für Wasserwanderer mit Kanustation
direkt an der Dahme gelegen

Kanusport Dahmeland
Siegmar Krüger
Lindenstraße 47
15757 Halbe
Telefon: 033765-805 07
0172-319 62 53
www.kanusport-dahmeland.de

Rad- und Wanderwege
Lesefährte Waldweise
Dahme-Radweg
Rundwanderweg Köthener Heideseen
Stadtrundwanderung Märkisch Buchholz

Kühn's Gasthaus
Dorfstraße 17
15748 Märkisch-Buchholz
Tel: 033765-80520
kuehns-gasthaus@freenet.de

Finanzielle Verlegenheit
Fürst Pückler und Branitz
Seepyramide

LITERATURTOUR KOMPAKT

Anreise: Bahn: RE2 nach Cottbus Hbf., 5 min Fußweg Vetschauer Str., weiter mit Bus Nr. 10 bis Branitz
Auto: A 15 bis Ausfahrt Cottbus-Süd, auf der B168 über Kiekebuscher Weg, Hauptstr. bis Branitz, Dauer ca. 1 Stunde 30

Besichtigung: • Branitzer Park & Schloss Branitz, Kunstmuseum im Dieselkraftwerk Cottbus, Tierpark Cottbus, Raumflugplanetarium Cottbus, Staatstheater Cottbus

Einkehrmöglichkeiten: Ngon Ngon Vietnam

Wander- und Radwege: Europäische Fernwanderweg E 10, Zu Fuß durch den Branitzer Park in Cottbus, Spreeradweg, Spree-Neiße-Radweg, Gurkenradweg, Fürst-Pückler-Radweg, Radweg Bergbautour

Wassertourismus: Gondelfahrten im Branitzer Park

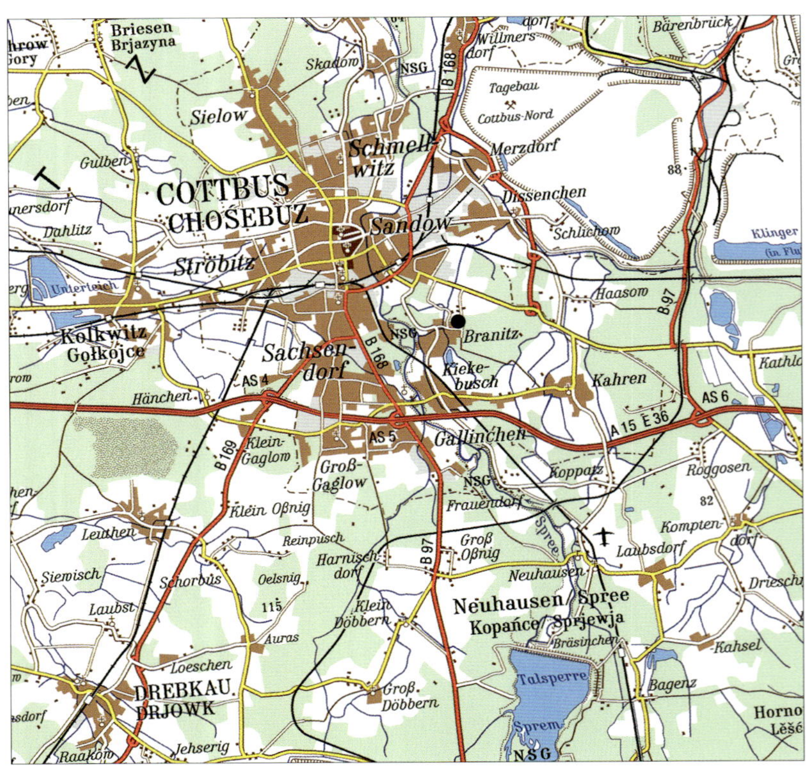

Schloss Branitz

DIE GEDENKSTÄTTE

Hermann Fürst von Pückler-Muskau war nicht bloß Schriftsteller. Er war es nicht einmal vorrangig, obschon sein Ruhm bei den Zeitgenossen weitestgehend auf seinen Publikationen beruhte. Er selbst sah sich vor allem als Gartengestalter, weshalb die von ihm angelegten Parkanlagen zugleich seine Erinnerungsstätten sind.

Es gibt deren zwei. Die eine befindet sich im Freistaat Sachsen, in Muskau, wobei der östliche Teil der Anlage bereits jenseits der deutsch-polnischen Grenze liegt. Die andere ist in Branitz bei Cottbus, sie gehört zum Land Brandenburg.

Branitz war Pücklers ererbter Besitz. Heute ist es ein vielbesuchtes Ausflugsziel, und dies sowohl wegen des Schlosses, das hier steht, als auch wegen der ausgedehnten Gartenanlagen, die das Werk des Fürsten sind.

Das Schloss steht inmitten des Parks. Erbaut wurde es 1770 bis 1772 im barocken Stil. Historisch restaurierte Räume dokumentieren das Wohnambiente des einstigen Hausherrn sowie, teils in multimedialer Präsentation, sein Leben und sein Wirken. Außerdem gibt es eine kleine Ausstellung mit Bildern des bedeutenden Landschaftsmalers Carl Blechen, der in Cottbus geboren wurde.

Blick über den Schilfsee

Der Landschaftspark ist integraler Teil des Erinnerungsorts. Es handelt sich um eine Anlage im englischen Stil, den Pückler pflegte, spätestens seit einem Aufenthalt bei Goethe in Weimar und dem Besuch des Parks an der Ilm. Neben Peter Joseph Lenné, mit dem er erbittert konkurrierte, war er der wichtigste Gartenarchitekt Brandenburg-Preußens im frühen 19. Jahrhundert.

Parks im englischen Stil sind gestaltet, wiewohl sie den Eindruck von Natürlichkeit erregen wollen. Charakteristisch sind neben scheinbar zufällig wachsenden, in Wahrheit planvoll arrangierten Bäumen, Sträuchern und Pflanzen, die sich immer wieder öffnenden Sichtachsen. Die Gewässer im Branitzer Park wurden umgeleitet oder angelegt, die Wege führen manchmal über Brücken. Auffällig sind zwei Pyramiden, beide begrünt, vermutlich Erinnerungen an einen Ägyptenaufenthalt des Fürsten. In der größeren von beiden wurde er beigesetzt.

DER SCHRIFTSTELLER

Die Bücher des Fürsten Pückler entstanden aus einer finanziellen Verlegenheit. Er war (wieder einmal) insolvent, da hatte seine Ehefrau den Einfall, die Briefe, die er ihr von seinen Reisen geschickt hatte, in Buchform zu veröffentlichen. Das Unternehmen trug den etwas makabren Ti-

Schloss, Blick über den Schlosssee, Pergola mit Venus Italica

tel »Briefe eines Verstorbenen« und wurde ein hübscher Verkaufserfolg. Weitere Bände sollten folgen. Allmählich sprach sich herum, dass der angeblich Verstorbene immer noch höchst lebendig war.

Pückler wurde 1785 geboren als das Kind schwerreicher und miteinander völlig verzankter Eltern, die sich später scheiden ließen. Zwecks Erziehung kam er unter anderen zu den Herrnhutern, deren radikale Frömmigkeit bei ihm das genaue Gegenteil bewirkte, nämlich einen lebenslangen Hang zu ausschweifendem Genuss.

Er studierte ein wenig und begann eine Offizierslaufbahn. Als sein Vater starb, wurde er Besitzer von Ländereien, die ihn zu einem der reichsten Männer in Deutschland machten: auf dem Papier, denn seine Besitzungen waren stark verschuldet und dies vornehmlich durch ihn selbst.

Mit einer Heirat versuchte er, sich zu sanieren. Seine Wahl fiel auf Lucie, Tochter des preußischen Staatskanzlers von Hardenberg. Sie war neun Jahre älter als er und brachte zwei fast erwachsene Töchter aus einer früheren Ehe mit. Pückler ließ keinerlei Zweifel daran, dass die Verbindung nichts weniger denn eine Liebesheirat war. Er hatte sich von Lucie, die er »Schnucke« nannte, völlige sexuelle Freiheit ausbedungen, die sie ihm aufseufzend gewährte.

Ägyptische Brücke mit Landpyramide

Drei überaus kostspielige Leidenschaften beschäftigten ihn lebenslang: das Reisen, das Anlegen von Parkgärten und die Frauen. Zwei Jahre hielt er sich in England auf, später fuhr er nach Nordafrika, nach Griechenland und schließlich nach Ägypten, von wo er sich eine Geliebte mitbrachte, die ihm freilich alsbald starb. Ihr Bildnis hängt in Schloss Branitz.

Seinen Zeitgenossen galt er als die vollkommene Verkörperung eines Dandys. Als 1866 der Krieg zwischen Preußen und Österreich ausbrach, war er 81, und trotz seines Alters setzte er durch, dass er an dem Feldzug teilnehmen konnte. Die entscheidende Schlacht bei Königgrätz verschlief er.

Gestorben ist er 1871. Sein Leichnam wurde in Ätzkalk gebettet, das Herz zuvor in Schwefelsäure aufgelöst, was alles seinem ausdrücklichen Wunsch entsprach. Seine längst von ihm geschiedene Frau, Erfinderin seiner literarischen Existenz, fand gleichfalls im Park von Branitz ihre letzte Ruhestatt.

DIE UMGEBUNG

Die Landschaft ist ein flaches, etwas mageres Sand- und Kieferngelände. Das Dorf ist eine 1994 in Cottbus eingemeindete Fünfzehnhundert-

Lucies Grab

Seelen-Kommune. Wie Cottbus hat Branitz eine sorbische Vergangenheit und war einst Besitztum unterschiedlicher Adelsfamilien, für die Pücklers erwarb es der Vater des Fürsten Hermann. Seit 1954 sind Cottbus und Branitz verbunden durch eine Eisenbahnlinie, die zunächst der DDR-Jugendorganisation Junge Pioniere gehörte.

Cottbus, zweitgrößte Stadt des Landes Brandenburg, gründete sich im Hochmittelalter, seit dem 15. Jahrhundert unterstand es, ein paar napoleonische Jahre ausgenommen, den Hohenzollern. Wirtschaftlichen Wohlstand brachte die Textilindustrie. 1945 zerstörte ein amerikanischer Luftangriff Teile der Stadt. In der DDR wurde sie zum Zentrum der Braunkohle- und Energiegewinnung.

Es gibt eine Universität, es gibt Fachschulen. Der Pflege des Niederlausitzer Sorbisch dient die Zweigstelle eines Instituts in Bautzen. Das Haus des Staatstheaters gilt als einer der schönsten Jugendstil-Bühnenbauten Deutschlands. Zahlreiche Museen und Galerien existieren, Cottbus ist Messestadt, ostdeutsche Karnevalshochburg und Olympiastützpunkt.

ZITAT

Als ich vor einigen Jahren eine geistreiche Dame in meinen Anlagen herumführte, äußerte sie gegen mich sehr bescheiden, »dass sie zwar nur wenig von der Sache verstehe, sich indes mancher pittoreskeren, grandioseren Gegend erinnere als die hiesige, etwas aber, was ihr immer von neuem wohltuend eben hier auffalle, sei die imposante Ruhe, die in dem Ganzen herrsche«. Nie hätte mir ein Lobspruch schmeichelhafter sein können, und ist er gegründet, so kann ich mein Werk in seiner Art für gelungen erachten. Dies danke ich dann aber hauptsächlich dem doppelten Grundsatze, stets nur einer Hauptidee gefolgt zu sein, und dennoch nie etwas bestehen gelassen zu haben, was im einzelnen früher verfehlt wurde.

(…)

Das wichtigste Gebäude im Park ist natürlich das Wohnhaus. Es sollte nicht nur der Umgebung, sondern auch dem Stande, dem Reichtum, ja sogar dem Beruf des Besitzers angemessen sein. Das weite Schloß mit seinen Zinnen und Türmen schickt sich vielleicht nur schlecht für den Kaufmann, steht aber dem vornehmen Aristokraten, dessen Familienglanz sich durch Jahrhunderte fortvererbte, und dessen Vorfahren es wirklich bedurften, ihren Sitz in festen Schlössern aufzuschlagen, gar wohl an.

»Andeutungen über Landschaftsgärtnerei«

Ist gleich die trübe Wange bleich,
Das Auge nicht mehr hell,
Und nahet schon das ernste Reich,
Wo Jugend fliehet schnell!
Und selbst wenn einst die Nacht von oben
Verdunkelnd Deine Brust umfängt,
Wird noch durch Liebeshand gehoben
Dein Haupt zur ew'gen Ruh gesenkt.

Aus Pücklers Gedichten

ADRESSEN ZUR TOUR

Branitzer Park & Schloss Branitz
Ausgedehnte Grünanlage mit Grabpyramiden (Tumuli), Seen und Gärten. Gondelfahrten, Sonderausstellungen, (Erlebnis-)Führungen, Angebote für Kinder
Kontakt
Robinienweg 5
03042 Cottbus
Tel.: +49(0)355 75150
info@pueckler-museum.de
www.pueckler-museum.de
Öffnungszeiten: Park ganzjährig geöffnet; Schloss 25. März bis 31. Okt., täglich 10–18 Uhr; 1. Nov. bis 24. März, Di–Fr 11–16 Uhr, stündlich begleitete Rundgänge; Sa–So 11–16 Uhr Besucherzentrum im Gutshof, 25. März bis 31. Okt., täglich 10–17 Uhr

Kunstmuseum im Dieselkraftwerk Cottbus
Malerei, Skulptur / Objekt, Grafik, Fotografie und Plakatkunst. Sonderausstellungen.
Uferstraße/Am Amtsteich 15
03046 Cottbus
Öffnungszeiten: Di–So, 10–18 Uhr

Tierpark Cottbus
1200 Tiere, 170 Arten. Spielplatz, Streichelzoo. Baumreichtum, Wasserflächen
Öffnungszeiten:
März 9–17:30 Uhr (Einlass bis 16 Uhr); Apr. 9–18:30 (Einlass bis 17); Mai bis Aug. 9–19 Uhr (Einlass bis 18 Uhr); Sept. 9–19 Uhr (Einlass bis 17 Uhr); Okt. 9–18 Uhr (Einlass bis 17 Uhr); Nov. bis Febr. 9–17 Uhr (Einlass bis 16 Uhr); 24. u. 31.12., 9–14 Uhr (Einlass bis 13 Uhr).
Eintrittspreise: 7 €, erm. 5,60 €, Kinder 3,50 €. Kombi- und Sonderkarten möglich

Cottbuser Parkeisenbahn
3,2 km lange Strecke, bis 20 km/h, Eventfahrten
Fahrzeiten: Saisonbedingt Frühling bis Herbst, individuell
Fahrpreise: 4 €, Kinder 2 €, erm. 3 €. Kombi- und Sondertickets möglich

Raumflugplanetarium Cottbus
Musik-, Kinder- und Astronomieshows. Das Planetarium ist Zentrum eines Planetenparks
Lindenplatz 21
03042 Cottbus
Öffnungszeiten:
Mo, Di, Do 8–17 Uhr, Mi 8–18:30 Uhr, Zusätzlich angebotene Events (individuell)
Eintrittspreise: 4 €, erm. 3 €, für Planetariumsvorführungen 5 €, erm. 4 €, Zusätzlich Gruppenkarten möglich

Staatstheater Cottbus
Lausitzer Straße 33
03046 Cottbus
Zentrale: Telefon 0355 7824 - 0
Besucher-Service
service@staatstheater-cottbus.de
Telefon 0355 7824 24 24
www.staatstheater-cottbus.de

Ngon Ngon Vietnam
Sandower Hauptstraße 12
03042 Cottbus
Telefon 0355-7299C531
Öffnungszeiten
täglich 11–14:30, 17–22
www.facebook.com/ngonngoncottbus

Das Kirchenjahr
Das Kirchenjahr
Das Kirchenjahr
Das Kirchenjahr
503 Geh aus, mein Herz, und suche Freud
Gib dich zufrieden und sei stille 371 a
Für Volk und Vaterland
Für Volk und Vaterland

Glaube und Dichtung

Paul Gerhardt und Lübben

Installation aus Gesangsbüchern

LITERATURTOUR KOMPAKT

Anreise: Bahn: von Alexanderplatz RE 2 Richtung Cottbus bis Lübben, weiter 1,6 km zu Fuß/ Bahn Auto: A13 bis Ausfahrt 7 Freiwalde, B115 bis Lübben, Kirchstr., Dauer etwa 1 Stunde 5 min

Besichtigung: • Paul-Gerhard-Kirche, Paul Gerhard Zentrum, Lübbener Schloss mit Stadt- und Regionalmuseum

Einkehrmöglichkeiten: Schlossrestaurant Edelmond, Hotel Strandhaus

Wander- und Radwege: Wanderweg von Lübben über den Barzlin nach Lübbenau, Gurkenradweg, Spreeradweg

Wassertourismus: Kahnfahrten (Buchung über Spreewaldinformation), Bootstouren

Paul-Gerhardt-Zentrum

DIE GEDENKSTÄTTE

Die protestantische Nikolaikirche in Lübben heißt seit 1930 nach Paul Gerhardt. Der Dichter war an dem Gotteshaus neun Jahre lang Pfarrer und wurde nach seinem Tod hier beigesetzt, im Chorraum nahe dem Altar.

Entstanden ist die Kirche zwischen 1494 und 1550, ihr ältester Teil ist der Turm. Das dreischiffige Hallenhaus wurde aus Backstein erbaut, die Fassade blieb unverputzt.

An Paul Gerhardt erinnert sie mit dem Bildnis eines unbekannten Malers, entstanden um 1700. Es zeigt ihn in Soutane, Bibel in der Linken, während er mit der Rechten auf einen goldenen Kruzifixus zeigt. Außerdem hängt hier eine Gedenktafel für ihn, und in der Sakristei wurde ein bleiverglastes Paul-Gerhardt-Fenster eingesetzt.

Ein anderes Porträt steht unmittelbar vor der Kirche, ein überlebensgroßes Bronzestandbild, 1907 geschaffen von Friedrich Pfannenschmidt (1864–1914). Der Berliner Bildhauer hat auch sonst allerlei Denkmäler verfertigt, so die Statuen von Luther und Melanchthon am Berliner Dom. Das Gerhardt-Denkmal in Lübben dürfte seine bekannteste Arbeit sein. Der Dichter trägt hier ein prächtiges Barockgewand, hält in der linken Hand ein geöffnetes Buch und schaut versonnen ins Weite.

Ausstellungsraum, Nikolaikirche mit Gerhardt-Denkmal, Memorabilien

Nahebei befindet sich das mit großer Sorgfalt gestaltete Paul-Gerhardt-Zentrum, in dem das Leben und Wirken des Dichters multimedial dokumentiert werden.

DER SCHRIFTSTELLER

Paul Gerhardt wurde 1607 im sächsischen Gräfenhainichen als Sohn eines Gastwirts geboren. Der Junge besuchte die Stadtschule und später die Fürstenschule in Grimma, seine theologische Ausbildung erfuhr er in Wittenberg. Nach Beendigung des Studiums ging er nach Berlin und fand dort zunächst eine Anstellung als Hauslehrer.

Es war die Zeit des Dreißigjährigen Krieges. Zu den frühen Versen Gerhardts gehören, wie bei anderen Dichtern des deutschen Barock, Klagen über die Verheerungen des großen Völkergemetzels. Zehn Jahre lang war er dann Pfarrer an der Berliner Nikolaikirche, wo er mit dem Verfassen geistlicher Liedtexte begann, die der Kantor Johann Crüger vertonte. Gerhardt wurde danach Pfarrer im brandenburgischen Mittenwald, wo er heiratete, ehe er nochmals nach Berlin ging. Dort geriet er in die Auseinandersetzungen zwischen Lutheranern und Calvinisten, verließ deswegen die Stadt und bewarb sich bei St. Nicolai in dem damals noch kursächsischen Lübben. Er erhielt die Stelle. Seine Lebensumstände blieben bescheiden. 1667 ist er in Lübben gestorben.

Kirchenschiff der Nikolaikirche, Schloss Lübben, Übersetzungen

Von allen Lyrikern des deutschen Barock ist er der heute mit Abstand bekannteste. Er wurde es durch seine Kirchenlieder; neben denen Martin Luthers gehören sie zum unverzichtbaren Bestand aller protestantischen Gesangsbücher. Seinen Choral »O Haupt voll Blut und Wunden«, Eindeutschung des hochmittelalterlichen »Salve caput cruentatum«, hat Johann Sebastian Bach in seine Matthäuspassion übernommen. Die Bindung von Gerhardts Lyrik an den christlichen Glauben blieb immer eng, selbst wenn sich das bei manchen Zeilen nicht sofort erkennen lässt.

DIE UMGEBUNG

Die Stadt Lübben ist eine hochmittelalterliche Gründung im Schatten einer Burg, gelegen an der Grenze zwischen Ober- und Niederspreewald. Beides war ursprünglich sorbisches Siedlungsgebiet, der slawische Ortsname lautet Lubin. Bis 1790 wurden noch sorbisch-sprachige Gottesdienste abgehalten, inzwischen ist das Idiom aus der Gegend verschwunden. Bis 1815 war Lübben teils sächsischer, teils böhmischer Besitz, erst mit dem Wiener Kongress kam es zu Preußen.

Das Schloss entstand am Ort der einstigen Burg. Der Barockbau steht auf einer Spreeinsel, er umfasst Turm, Marstall und Oberamtshaus. Hier saßen die sächsischen Vögte, hier trafen sich die Niederlausitzer Landstände. Heute ist darin ein Museum für Vor- und Frühgeschichte untergebracht.

Es gibt noch eine weitere Lübbener Feudalarchitektur: Schloss Neuhaus, gelegen im Stadtteil Steinkirchen. Der klassizistische Bau zeigt eine Dauerausstellung über den romantischen Dramatiker Ernst von Houwald (1778–1845), der aus dem Spreewald stammte und das Schloss dreiundzwanzig Jahre lang bewohnte. Berliner Literaten wie Adelbert von Chamisso, Ludwig Tieck und das Ehepaar Arnim trafen sich regelmäßig hier.

Lübben ist ein anerkannter Erholungsort. Zwei Unternehmen bieten Kahnfahrten durch den Spreewald an.

ZITAT

Die Bächlein rauschen in dem Sand
Und malen sich und ihren Rand
Mit schattenreichen Myrten;
Die Wiesen liegen hart dabei
Und klingen ganz vom Lustgeschrei
Der Schaf und ihrer Hirten.

Die unverdrossne Bienenschar
Fleucht hin und her, sucht hie und dar
Ihr edle Honigspeise.
Des süßen Weinstocks starker Saft
Bringt täglich neue Stärk und Kraft
In seinem schwachen Reise.

»Geh aus, mein Herz«

ADRESSEN ZUR TOUR

Paul-Gerhardt-Kirche
Am Markt
15907 Lübben (Spreewald).
Öffnungszeiten:
Ostern bis Erntedank/Okt.: Mo bis Sa 10–12 Uhr u. 14–17 Uhr, So 11–12 Uhr.
Im Winter nur nach Anmeldung

Paul-Gerhardt-Zentrum
Am Kleinen Hain 43–44
15907 Lübben (Spreewald)
Mo–Sa 10–12 u. 14–17 Uhr und nach Vereinbarung
Kontakt: Werner Kuhtz
Telefon: 03546-3346,
paul-gerhardt-zentrum@freenet.de

Schloss Lübben, Spreewaldkahn, Bootssteg

Lübbener Schloss
mit Stadt- und Regionalmuseum
Ernst-von-Houwald-Damm 14
15907 Lübben

Öffnungszeiten:
Apr. bis Okt.: Mi bis So 10–17 Uhr,
Nov. bis März Mi bis Fr 10–16 Uhr,
So 13–17 Uhr
Eintrittspreise: 4,50 €, erm. 2,50 €.
Führungen nach tel. Absprache

Schloss Neuhaus
Am Neuhaus 7
15907 Lübben (Spreewald)

Kletterwald
mit 11 Parcours
Hartmannsdorfer Straße 27 c
15907 Lübben (Spreewald)
Öffnungszeiten:
Juni bis Aug.: 10–19 Uhr, Apr., Mai
u. Sept.. Okt.: Di bis So 10–18 Uhr
Eintrittspreise: 18 €, erm. 9/12/15 €,
je nach Alter. Ermäßigungen für Familien und Gruppen

Schlossrestaurant Edelmond
Ernst von Houwald Damm 14
15907 Lübben
Tel. 03546-1794257
info@jm-schloss.de
www.edelmond-luebben.de

HOTEL STRANDHAUS
Ernst-von-Houwald-Damm 16
15907 Lübben (Spreewald)
Telefon 3546-7364
info@strandhaus-spreewald.de
www.strandhaus-spreewald.de

Boots- & Zweiradverleih Gebauer
Lindenstraße 18
15907 Lübben (Spreewald)
Tel.: 03546-7194
Mail: mail@spreewald-bootsverleih.de

Kahnfahrten
Spreewaldinformation Lübben
Telefon: 03546-3090
Mail: spreewaldinfo@tks-luebben.de

MAGGI SUPPEN
MAGGI SUPPEN
MAGGI Suppen
BIER
Brinkmann Tabak
frisch eingetroffen
Arko
13,00 €
trinkt Kathreiner

In der Sandheide

Erwin Strittmatter und Bohsdorf

Eingangsraum

LITERATURTOUR KOMPAKT

Anreise: Bahn: RE 2 nach Cottbus, von dort weiter mit RB 1822 Richtung Frankfurt/ Oder nach Cottbus Sandow, zu Fuß weiter nach Cottbus Vorpark, weiter mit dem Bus 851 Richtung Döbern bis Bohsdorf Auto: A13/ A15 Ausfahrt 6 Roggosen auf B97 Richtung Görlitz, dann auf L48 ca. 9 km, Dauer etwa 1 Stunde 30

Besichtigung: • Erwin-Strittmatter-Gedenkstätte, Aussichtsturm, Umgebindehaus

Einkehrmöglichkeiten: Gasthaus »Zur Linde«

Wander- und Radwege: Wanderweg Auf den Spuren von Erwin Strittmatter in Bohsdorf, Radweg Auf Strittmatters Wegen, Radweg Altbergbautour

Der Laden

DIE GEDENKSTÄTTE

Bohsdorf, der sorbische Name lautet Bóšojce, ist heute ein Ortsteil von Felixsee, das zum brandenburgischen Landkreis Spree-Neiße gehört. Die hübsche kleine Siedlung liegt inmitten von Waldungen und Feldern. Zentrale Verkehrsader ist die Dorfstraße, und dort, mit der Hausnummer 35, steht ein flacher Ziegelbau, der die unübersehbare Inschrift »Der Laden« trägt.

Es handelt sich um eine Erinnerungsstätte für den Schriftsteller Erwin Strittmatter. Der, Autor vieler populärer Erzählbücher, erfuhr seinen wahrscheinlich größten literarischen Erfolg mit einer ab 1983 erschienenen Romantrilogie, die genau so heißt: »Der Laden«. Es handelt sich um eine maskierte Autobiografie, wobei Maske hier sagen will: Der Held trägt nicht den Namen Erwin Strittmatter, sondern heißt Esau Matt, und der Ortsname lautet nicht Bohsdorf, sondern Bossdom.

Sonst ist das meiste in den Büchern authentisch. Der Laden in der Dorfstraße war ein Bäckerbetrieb samt Kolonialwarengeschäft, Matt wie Strittmatter erlernten dort, im elterlichen Betrieb, das Bäckerhandwerk. Es gab im Dorfe Neid und Missgunst, da der Laden florierte und das Lebensniveau der Inhaber über dem manches ärmeren Nachbarn lag. Gleichwohl hatte man finanzielle Probleme, da beide Eltern sich nicht sehr gut aufs Wirtschaften verstanden.

Küche, Wohnzimmer, Ladenschild

Der erste Band der Trilogie endet damit, dass Esau Matt nach Grodk geht, um dort das Gymnasium zu besuchen. Grodk ist der sorbische Name für Spremberg. Von dort war die Familie Strittmatter ursprünglich gekommen, und Erwin war dort geboren worden.

Das Haus an der Bohsdorfer Dorfstraße wurde, nachdem die Familie es 1949 aufgab, zunächst Verkaufsstelle der Konsumgenossenschaft, war dann auch Bürgermeisterei und erfuhr einige Umbauten. 1999, fünf Jahre nach Strittmatters Tod, eröffnete es als Gedenkstätte, betrieben von einem überaus rührigen Verein.

Es entstand ein mit großem Bedacht und hoher Sorgfalt gestaltetes Objekt. Erinnert wird an den Schriftsteller, an sein Elternhaus, an seine Familie, an sein Leben und da zumal an sein Leben in Bohsdorf. Zu sehen ist die Bäckerei, in der er gelernt und gearbeitet hat. Zu sehen ist der Tisch, an dem er seinen ersten Roman schrieb. Das Wohnzimmer seiner Eltern enthält die originalen Möbel. Der Eingangsraum zitiert die Einrichtung eines Kolonialwarengeschäftes um das Jahr 1910.

Es gibt zahlreiche Fotoaufnahmen von Erwin Strittmatter und seinen Angehörigen. In Vitrinen liegen seine Bücher. Sein problematischer Dienst in Hitlers Wehrmacht wird nicht unterschlagen, eine Schautafel referiert sie. Mit der Konzentration von Exponaten auf seine Jugend in der Niederlausitz ist das Haus zugleich eine Art Heimatmuseum.

Backstube

Hinter dem Haus liegen Nebengebäude und ein kleiner Garten. In einer Scheune wird eine Fotoausstellung gezeigt. In einer Remise steht die originalgroße farbige Nachbildung eines Rindes, was an den Ochsen des ersten Romans erinnern will.

Die Gedenkstätte ist stolz auf ihre vergleichsweise zahlreichen Besucher, es sollen um die dreitausend im Jahr sein. Man öffnet sich für Veranstaltungen literarischer Art, die nicht in jedem Falle mit Strittmatter zu tun haben müssen. Alljährlich wird ein Hoffest begangen.

DER SCHRIFTSTELLER

Erwin Strittmatter, 1912 geboren, war einer der populärsten und meistgelesenen Schriftsteller in der DDR.

Er stammte aus kleinbürgerlichen Verhältnissen, der Junge erlernte das väterliche Bäckerhandwerk, daneben hat er auch als Kellner, Tierpfleger und Hilfsarbeiter gearbeitet. 1939 begann er seinen Dienst in der Schutzpolizei. Während des Krieges wurde seine Einheit von der Waffen-SS übernommen.

Nach dem Ende des Zweiten Weltkriegs war er zunächst wieder Bäcker, später wurde er Redakteur bei einem von der SED herausgegebenen Regionalblatt. Er schrieb seinen ersten Roman, »Der Ochsenkutscher«, der ihn bekannt machte und unter anderem die Aufmerksam-

Ochsenkutsche

keit Bertolt Brechts erregte. Strittmatter wurde Mitarbeiter an dessen Berliner Ensemble, für das er das Stück »Katzgraben« schrieb.

Trotz solcher Nähe blieb Brechts literarischer Einfluss auf sein Schaffen eher marginal. Seine Anreger waren viel mehr der sowjetische Autor Michail Scholochow und der Norweger Knut Hamsun. Ab 1954 lebte er in der nördlichen Mark Brandenburg, im Ruppiner Land, der Ort heißt Schulzendorf. Dort züchtete er Pferde und machte das ländliche Leben zu einem seiner bevorzugten literarischen Themen.

Deren anderes war seine eigene Biografie. Er hat sie in gleich zwei mehrbändigen Romanen erzählt, außer in »Der Laden« in »Der Wundertäter«. Er erhielt von der DDR verschiedene Ehrungen, zeitweilig nahm er politische Funktionen war. Er verstand sich als gehorsamer SED-Parteisoldat, was nicht verhinderte, dass er gelegentlich mit einem seiner Bücher, etwa dem Roman »Ole Bienenkopp«, erhebliche politische Probleme hatte.

Nach dem Zusammenbruch der SED-Herrschaft wurde bekannt, dass er auch langjährige Beziehungen zur Staatssicherheit unterhielt und zudem während des Krieges an Erschießungsaktionen in Griechenland beteiligt war, möglicherweise. Beides hat viel Aufsehen erregt. Sein Lesepublikum blieb ihm gleichwohl treu.

Taubenschlag, alte Hufeisen, Kohlen-Lore

Mit seiner dritten Ehefrau, der als Lyrikerin bekannt gewordenen Eva Strittmatter, lebte er weiterhin auf seinem Bauernhof in Schulzendorf. 1994 ist er dort gestorben. Er liegt auf dem Schulzendorfer Friedhof begraben. Auch das dortige Wohnhaus kann besichtigt werden.

DIE UMGEBUNG

Bohsdorf hat etwas über sechshundert Einwohner. Die Ursprünge reichen zurück bis ins ausgehende Mittelalter, ab 1819 gehörte der Ort, wie die gesamte Niederlausitz, zum Königreich Preußen. Erheblich älter als das Haus mit dem Laden der Strittmatters ist das örtliche Umgebinderhaus, das 1819 entstand.

Felixsee, wozu Bohsdorf inzwischen gehört, heißt sorbisch Feliksowy jazor und ist eine sehr junge Gründung: Sie entstand erst 2001, zusammengeführt wurden vier bis dahin selbstständige Dörfer. Der Name verdankt sich einem nahen Gewässer, das kein natürlicher See ist, sondern eine geflutete Braunkohlengrube, die Felix hieß. Das künstliche Gewässer ist eine der ältesten seiner Art im Lausitzer Braunkohlerevier, der Betrieb von Felix endete bereits 1930.

Am Seeufer erhebt sich ein 2004 errichteter Turm, eine Holz-Stahl-Konstruktion, die auf drei übereinander stehenden Plattformen einen schönen Blick in die Umgebung bietet.

Landschaft bei Bohsdorf

ZITAT

Aber jetzt ist Juni, und es ist warm im Himmel und auf Erden, und es säuselt in den Eichenkronen; Kühle und Wärme treiben Tauschhändel miteinander, ziehen die Eichenblätter hinein, und es säuselt.

Unter diesen eichenhaften Eichen lagern am fünfzehnten Juni neunzehnhundertneunzehn Dorfkinder und Dorfleute. Wer von den Feldern hereinkommt, stellt Mistgabel, Harke oder sein Kuhgespann ab, setzt sich ins Gras oder bleibt, ein Auge auf die brummenden Kühe gerichtet, stehen, verfolgt den Einzug der neuen Leute und bestaunt den ersten Möbelwagen, dieses in der Stadt geborene rollende Haus, das nun hier in der Sandheide steht und nach der anstrengenden Tour zu dampfen scheint.

(…)

Jedes Bossdomer Jahr hat seinen Frühling und seinen Sommer, seinen Herbst, seinen Winter und seine Zwischenjahreszeiten, den Vorfrühling, den Nachsommer, den Spätherbst und den Frühwinter, alsdann Weihnachten, Ostern und Pfingsten, Kirmes und Fastnacht, Geburtstage und Vereinsfeste. Ich kann sie nicht alle in meinem kleinen Theater aufführen und lasse nur die erscheinen, die sich mir stark genug eindrückten.

Ich sitze in der Winterdämmerung in der Fußgrube vor der Backofen-Mundtür und mache mir Märchen. Aus der Fußgrube führen fünf Steinstufen zur Backstube hinauf, und von dort steigt man über drei Steinstufen in die alte Backstube und schließlich über zwei weitere Stufen zur Küche oder zum Laden. Der Laden hockt auf einem Thron. Ist er ein König? Ist er ein Drache? Für die reisenden Kaufleute ist er eine anblühende Linde, in die sie einfallen wie Bienen und grüne Läuse.

»Der Laden«

ADRESSEN ZUR TOUR

Erwin-Strittmatter-Verein e.V.
Dorfstraße 35
03130 Felixsee OT Bohsdorf
Telefon: 035698-221, bohsdorf@strittmatter-verein.de
www.strittmatter-verein.de

Öffnungszeiten des Ladens
Mo geschlossen
Di bis So sowie an Feiertagen
11.0 – 17.00 Uhr (April bis September)
Vom 15. bis 31. März und vom 01. bis 31. Oktober schließt der Laden schon um 16 Uhr.
Von November bis Mitte März bleibt der Laden geschlossen, Terminabsprache per Telefon oder E-Mail möglich.

Aussichtsturm
am Felixsee bei Bohsdorf

Umgebindehaus
in Bohsdorf

Gasthaus »Zur Linde«
Muskauer Straße 1
03130 Felixsee OT Bohsdorf/Vorwerk
Telefon: 035698-72000

Ansonsten siehe Cottbus

Cowanj heißt Traum
Mina Witkojc und Burg (Spreewald)
Spreewasser

LITERATURTOUR KOMPAKT

Anreise: Bahn: RE2 Richtung Cottbus bis Vetschau, Bahnhof, weiter mit Bus 35-37 bis Burg oder von Cottbus von Vetschauer Str. mit dem Bus 15/ 47 nach Burg
Auto: A13/ A15 bis Ausfahrt 3 Vetschau, weiter Richtung Burg L54 bis Burg, Dauer ca. 1 Stunde 25

Besichtigung: • Heimatstube Burg (Spreewald), Freilandmuseum Lehde, Bismarckturm auf dem Schlossberg

Einkehrmöglichkeiten: Kräuter Manufaktur, IL FIENILE - Ristorante Pizzeria

Wander- und Radwege: Wanderweg Burg – Raddusch – Slawenburg, Entlang auf dem Fontane-Weg in Burg, Nowy Rundweg - Eine Wanderung durch Burg, Gurkenradweg, Spreeradweg, Radtour von Burg nach Schlepzig, Radtour Kolonistenweg in Burg

Bademöglichkeiten: Spreewald Therme

Wassertourismus: Spreewaldkahntouren, individuelle Bottstouren, Stand up Paddling Spreewald (SuP)

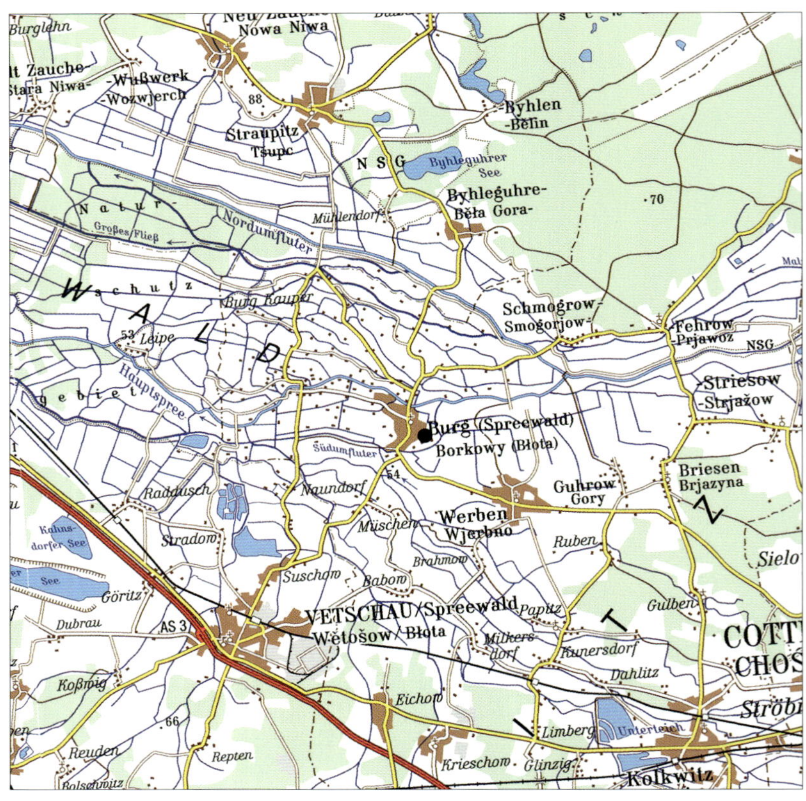

Grabstätte

DER GEDENKORT

Ihr Grab befindet sich auf dem Friedhof der Spreewaldortschaft Burg. Der Gottesacker ist ein weitläufiges Gelände, das sich zu beiden Seiten einer Straße erstreckt. Das Grab liegt auf dem größeren südlichen Teil. Es ist nicht leicht zu finden. Ein Hinweis am Eingang fehlt. Beim Näherkommen fällt zunächst bloß ein nackter Betonpfahl auf; die zwei Metallplatten, die daran befestigt sind und ein unregelmäßiges Kreuz ergeben, sind dem nahen Zaun zugewandt. Die erhabenen Lettern auf den Platten listen alles Wesentliche auf: den Namen, die Lebensdaten, die literarische Tätigkeit und dies alles auf Deutsch wie auf Sorbisch. Ein steinerner Blumenkasten befindet sich seitlich davor. Es ist, alles in allem, eine eher bescheidene Grabstätte, darin völlig angemessen dem Schicksal der Toten.

Mina Witkojc war, bedingt durch ihre sprachliche Verortung, einem eher kleinen Publikum bekannt, dem ihrer Ethnie. Es gab deutsche Übersetzungen einiger ihrer Arbeiten, aber deren Echo war nicht sehr nachhaltig. Ihre Geburtsstadt Burg hat dafür gesorgt, dass sie nicht in Vergessenheit geriet: Die lokale Spreewald-Bibliothek trägt ihren Namen, so wie die örtliche Grund- und Oberschule. Auch eine Straße in der Niederlausitzer Hauptstadt Cottbus oder Chóśebuz wurde nach ihr benannt.

Im Spreewald

DIE SCHRIFTSTELLERIN

Mina Witkojc wurde 1907 in der Spreewald-Ortschaft Burg geboren. Ihr deutscher Name war Wilhelmine Wittka. Sie sprach Niederlausitzer Sorbisch, und in ihren beruflichen Anfängen teilte sie das damalige Schicksal ihrer Ethnie: unterprivilegiert und arm zu sein. Bei ihr kam hinzu, dass sie unehelich geboren war, für jene Zeiten ein schwerer gesellschaftlicher Makel. Sie arbeitete in Berlin als Dienstmädchen. Sie war Blumenbinderin. Im Ersten Weltkrieg wurde sie in der Rüstungsindustrie beschäftigt, später musste sie sich als Tagelöhnerin durchbringen. Zufällig kam sie mit einer Gruppe westslawischer Intellektueller in Berührung. Es brachte sie dazu, sich ihrer ethnischen Identität zu besinnen und sich offensiv zu ihr zu bekennen.

Sie begann zu schreiben, Lyrik vor allem, zunächst auf Deutsch, danach ausschließlich auf Sorbisch. Sie ging nach Bautzen, Zentrum der Domowina, also der sorbischen Interessenvereinigung, und war zehn Jahre lang Mitarbeiterin einer sorbisch-sprachigen Wochenzeitung.

Dies endete, musste enden mit der Machtübernahme von Adolf Hitlers Nationalsozialisten. Sie erhielt Schreibverbot, kehrte zurück in ihre Geburtsstadt und brachte sich abermals als Tagelöhnerin durch. Die Nazis erließen gegen sie ein Aufenthaltsverbot in der

Speichergebäude in Burg

Lausitz, weswegen sie bis zum Kriegsende in Erfurt leben musste. Sie kehrte dann nach Bautzen zurück, war wieder für die Domowina tätig, wurde deswegen verhaftet und ging für mehrere Jahre nach Prag.

Inzwischen hatte die DDR-Politik ihr Verhältnis zu den kulturellen Autonomiebemühungen der Sorben geändert, wohl als Geste gegenüber der slawischen Führungsmacht Sowjetunion. 1954 kehrte Mina Witkojc endgültig in den Spreewald und in ihren Geburtsort Burg zurück. Sie schrieb regelmäßig für das niedersorbische Wochenblatt »Nowy Casnik« (deutsch: Neue Zeitung). 1955 erschien ihr Lyrikband »K swětlu a słyńku« (deutsch: Zum Licht, zur Sonne). 1975 ist sie in dem Altersheim von Papitz bei Cottbus gestorben.

DIE UMGEBUNG

Die Ortschaft Burg (Spreewald) heißt auf Niedersorbisch Bórkowy (Błota). Wie bei Orts- und Flurnamen auch sonst in der Region stehen beide Sprachformen auf Orts- und Hinweisschildern. Die Vernachlässigung jenes westslawischen Idioms, jahrhundertelang betrieben mit dem Resultat, dass die Zahl ihrer Sprecher ständig kleiner wurde, hat demonstrativ aufgehört. Ob dies den Fortbestand dauerhaft sichern kann, bleibt ungewiss. Viele Prognosen äußern sich eher skeptisch.

Kirche von Burg

Burg ist eine weitläufige Siedlung, die ein paar zentrale Straßen hat. Gelegen im Zentrum des Spreewaldes mit seinen dreihundert Wasserläufen, grenzt sie an einen Hochwald, der, runde tausend Quadratkilometer groß, als landschaftlich singuläres Gebiet gilt, das die UNESCO der höchsten Schutzklasse zugeordnet hat.

Dem heutige Burg wurden durch Eingemeindung einst selbstständige Dörfer zugeschlagen, meist Streusiedlungen, die einzelnen Gehöfte befinden sich auf Erhebungen, auf Talsandinseln, sogenannten Kaupen. Meist lassen sie sich nur auf dem Wasserweg erreichen.

Bemerkenswert in Burg ist die evangelische Kirche im frühklassizistischen Stil. Sie entstand nach einem heruntergebrannten Vorgängerbau, der wiederum der Ansiedlungspolitik durch die Hohenzollern zu verdanken war; Friedrich II. schickte Kolonisten hierher, die meisten von ihnen Ausländer.

In Burg gibt es einen Hafen für Spreewaldkähne. Viele touristische Ausflüge beginnen hier oder machen hier Station. 2005 entstand am Ortsrand die Spreewaldtherme, mit allerlei Angeboten für Wellness-Aufenthalte, Hotels und Pensionen stehen bereit. Im Kur- und Sagenpark stehen Skulpturen zu Gestalten der sorbischen Mythenwelt.

ZITAT

We dłymokem cowanju spiš ty,
naš zabyty serbojski lud.
Duch cuzy śi torjecy hyšći
do tymplišćo wjeźo kaž błud.

Sy wšuźi wót njogo wobdany,
won co, ab' ty nimjernje spał.
Nět wócuś, ty lud lubowany,
a njepušć, což Bog jo śi dał!

Nět wócuś a glědaj, kak słyńcko
pódzajtšo južo górjej jo šło.
A swěšece złośane pšugi
do kraja śi roznjasło jo!

»Cowanj«

Vergessenes Volk meiner Sorben,
liegst träumend im Schlaf so tief,
ein fremder Geist hat dich umworben,
ein Irrlicht ins Moor dich rief.

Bist überall von ihm umgeben,
er will, dass du schläfst wie im Grab.
Geliebtes Volk, wach auf zum Leben,
bewahre, was Gott dir einst gab!

Erwache zum Leben und schaue:
Im Osten die Sonne schon strahlt,
für dich lacht der Himmel, der blaue,
für dich ist das Land goldbemalt!

»Traum«. Deutsch von Elke Nagel

Kürbisfeld, altes Bauernhaus, Gurkenernte

ADRESSEN ZUR TOUR

Spreewald Info
Bahnhofstraße 15
03096 Burg (Spreewald)
Telefon: 035603-759 560

Fahrradverleih am Spreehafen
Am Hafen
03096 Burg (Spreewald)

Spreewaldkahntouren
Kleiner Spreewaldhafen
Waldschlößchenstraße 3
03096 Burg (Spreewald)

Stand up Paddling Spreewald (SuP)
Stehpaddeln, Boards, Preise, Erlebnistouren
Naundorfer Straße 17
03096 Burg (Spreewald)

Bootshaus Conrad
Schwarze Ecke 1
03096 Burg (Spreewald)

Bootsverleih Duschka
Naundorfer Straße 11
03096 Burg (Spreewald)

Bootshaus am Leineweber
Hauptstraße 1
03096 Burg (Spreewald)

Spreewald Therme
Solebad, Sauna, Wellness
Ringchaussee 152
03096 Burg (Spreewald)

Bismarckturm auf dem Schlossberg

Heimatstube Burg (Spreewald)
Am Hafen 1
03096 Burg (Spreewald)
Telefon: 035603-757 29

Freilandmuseum Lehde
An der Giglitza 1a
03222 Lübbenau, OT Lehde
Telefon: 03542-871 508,
spreewaldmuseum@museum-osl.de
www.museums-entdecker.de

Spreewald-Schleuse

Spreewälder Kräuter Manufaktur
Byhleguhrer Straße 17
03096 Burg
Telefon 035603-660

Urban´s Eis & Kaffeeladen
Hauptstraße 39
03096 Burg (Spreewald)
Telefon: 035603-448
Do bis So von 10–17 Uhr
cafeurban@t-online.de
www.cafe-urban.de

IL FIENILE - Ristorante Pizzeria
Ringchaussee 125
03096 Burg im Spreewald
Telefon 035 603-64820
info@il-fienile.de
Öffnungszeiten
November bis Mai:
Mo bis Fr. 17–0 Uhr,
Sa. u. So. 12–0 Uhr
Mai bis Okt.:
täglich ab 12 Uhr

Ein schreibendes Ehepaar

Achim von Arnim, Bettina von Arnim und Wiepersdorf

Schloss mit Park

LITERATURTOUR KOMPAKT

Anreise: Bahn: RE 3 Richtung Falkenberg/ Elster nach Jüterbog, weiter mit Bus 754 Richtung Dahme bis Illmersdorf, dort umsteigen in Bus 774 Richtung Werbig bis Wiepersdorf
Auto: A115, Ausfahrt 6 Richtung Potsdam Babelsberg Richtung Teltow, weiter Richtung Flughafen Schönefeld/ Teltow, auf B 101 Richtung Luckenwalde, Jüterbog, hinter Jüterbog links abbiegen auf B102

Besichtigung: • Künstlerhaus Schloss Wiepersdorf mit Bettina und Achim von Arnim Museum

Einkehrmöglichkeiten: Zur Alten Schmiede

Wander- und Radwege: Anschluss Flämingskate Rundkurs 1, Elsterradtour

Schloss mit Terrasse

DIE GEDENKSTÄTTE

Es gibt in der kleinen Ortschaft Wiepersdorf drei Möglichkeiten, der Dichter Bettina und Achim von Arnim zu gedenken: Das für beide eingerichtete Museum, beider Gräber und das einst von ihnen bewohnte Schloss. Museum und Friedhof sind übrigens dessen Teil.

Das Museum existiert erst seit 1992. Entstanden ist es mit Unterstützung des Frankfurter Goethe-Museums, Leben und Werk der beiden Autoren werden dokumentiert durch Autografen, Originaldokumente, Gemälde, Möbel, durch ausführliche Hinweise auf ihre Freunde. Ausgestellt sind außerdem Bilder ihres Enkels, des Historienmalers Achim von Arnim-Bärwalde.

Die Gräber befinden sich auf dem Familienfriedhof neben der Kirche. Die heutige Ausgestaltung der Ruhestätte geht auf den Enkel zurück, der auch das Gotteshaus neu herrichten ließ.

Nun zum Schloss. Ursprünglich stand hier lediglich ein Herrenhaus, 1734 erworben von einem Angehörigen der Adelssippe Einsiedel mitsamt dem Ländchen Bärwalde, zu dem das Rittergut Wiepersdorf gehörte. Einsiedel ließ das Herrenhaus ausbauen. Nach seinem Tod wurde der Vater des Dichters neuer Eigentümer. Die heutige Gestalt des Schlosses geht wesentlich auf Achim von Arnim-Bärwalde zurück.

Orangerie

Schloss und Gut blieben bis 1945 im Besitz der Arnims. Dann wurde das Schloss erst einmal Kommandantur der Roten Armee, nach dem Auszug der Sowjets begann Wiepersdorfs Karriere als Künstlerhaus. Denkmalsschutzmaßnahmen wurden getroffen, das Gebäude diente Angehörigen der DDR-Künstlerverbände als Arbeits- und Erholungsort.

Nach der deutschen Wiedervereinigung setzte sich diese Tradition fort. Seit 2006 leben und arbeiten hier Stipendiaten aus Künstlerberufen, einschließlich solcher aus dem Ausland. Das Haus steht offen für Veranstaltungen.

DIE SCHRIFTSTELLER

Achim und Bettina von Arnim waren ein schreibendes Ehepaar. Er war zu seinen Lebzeiten, sie war nach seinem Tode berühmter als der Partner.

Achim (1781–1831) kennt man heute noch als Mitherausgeber der romantischen Volkslieder-Textsammlung »Des Knaben Wunderhorn«. Sein übriges, ziemlich umfangreiches literarisches Werk ist weitestgehend vergessen.

Er stammt aus einer alten preußischen Adelssippe. Wie bei anderen derartigen Dynastien gab es sie in mehreren Linien, Achim gehörte zum uckermärkischen Zweig, den Arnim-Blankensee. Sein Vater war

Callot-Figuren, Nymphe, Barockbeet

ein wohlhabender preußischer Hofbeamter und Diplomat. Der Junge begann, nach dem Gymnasialbesuch, mit einem Studium der Rechte und der Naturwissenschaften. Unter dem Einfluss Goethes und des Freundes Clemens Brentano probierte er sich an belletristischen Texten.

Bekannt war er mit allen wichtigen Autoren der deutschen Romantik. 1811 heiratete er Bettina, Clemens Brentanos Schwester. Die jungen Eheleute lebten in Berlin, Achim war um ein Regierungsamt bemüht, vergeblich, er engagierte sich – es war die Zeit der napoleonischen Besetzung – in patriotischen Vereinigungen. 1814 übernahm er dann die Bewirtschaftung des Gutes in Wiepersdorf, die er bis zu seinem Ableben betrieb.

Sein literarisches Werk besteht aus Lyrik, Dramen, erzählenden Schriften und Journalistischem, am bekanntesten wurden die Romane »Armut, Reichtum, Schuld und Buße der Gräfin Dolores« sowie »Die Kronenwächter«. Wie andere Vertreter der deutschen Romantik pflegte er nationalkonservative Ideen und antisemitische Vorurteile. Goethe sah in seinem Werk ein Fass, bei dem der Küfer vergessen habe, die Reifen festzuschlagen.

Bettina (1785–1859) hatte andere Überzeugungen als ihr Mann. Geboren wurde sie in einer wohlhabenden Frankfurter Kaufmannsfami-

Orangerie

lie, ihre Mutter war die Goethe-Freundin Maximiliane von la Roche, und deren Mutter war Sophie von La Roche, eine zu ihrer Zeit gern gelesene Romanautorin. Bei ihr wuchs Bettina auf, nachdem die Mutter gestorben war.

Das literarische Gen lag in der Familie und sollte sich auch in späteren Generationen durchsetzen. Bettina unternahm zunächst allerlei Reisen und traf ihren späteren Mann; die beiden heirateten, Bettina gebar sieben Kinder. Während Achim sich meist in Wiepersdorf aufhielt, lebte sie fast durchweg in Berlin. Den Kontakt zwischen beiden stellten Briefe her.

Nach Achims Tod kümmerte sie sich zunächst um dessen literarische Hinterlassenschaft, ehe sie selbst zu publizieren begann. »Goethes Briefwechsel mit einem Kinde« machte sie alsbald sehr bekannt. Das Kind des Titels ist sie selbst. Sie hatte Goethe mehrfach getroffen und sich mit dessen Frau gründlich verzankt, Goethe vermied deshalb jeglichen Kontakt mit ihr. Der Briefwechsel erschien drei Jahre nach dem Tod des Dichters. »Ach, es ist so zierlich, so unschuldig, so feurig, so bescheiden, so kühn, so naiv, so inspiriert; wie sollte das nicht erfreuen!« Dies ihr Urteil über das eigene Werk.

Später engagierte sie sich politisch: für die Sache der Frauen, für die Sache der Polen, für die Revolution von 1848, für den Sozialismus.

Schlosskirche, Grab Achims von Arnim, Grab Bettinas von Arnim

Neben dem »Briefwechsel« sind ihre bekanntesten Werke ihr Tagebuch und die Biografie der Dichterin Karoline von Günderode, ihrer Freundin.

Bettina starb in Berlin. »Und wo zwei in einander übergehen, da hebt sich die Grenze des Endlichen zwischen ihnen auf.« So schrieb sie einst in ihr Tagebuch, und derart liegt ihr Grab neben dem Achim von Arnims.

DIE UMGEBUNG

Wiepersdorf gehörte zur Gemeinde Niederer Fläming. Hier beginnt jene allmählich ansteigende Hügellandschaft, in die sich die Bundesländer Brandenburg und Sachsen-Anhalt teilen.

Mittelpunkt von Wiepersdorf war immer das Schloss. Dessen Kapelle ist heute Kirche der evangelischen Gemeinde. Der ausgedehnte Parkgarten mit Orangerie, früheren Landarbeiterhäusern und einem Teich beherbergt fünf auffällige Steinfiguren. Sie stellen Gnome dar.

Erworben hat sie Achim von Arnim-Bärwalde, geschaffen wurden sie im Barockzeitalter. Jacques Callot, dessen Vorstellungen sie folgen und nach dem sie benannt sind, war ein französischer Grafiker des frühen 17. Jahrhunderts, dessen groteske Radierungen auch jenseits der Grenzen starke Beachtung fanden. Bildhauern dienten sie als Vorlage,

Parkteich

Zwergenplastiken fanden Absatz an zahlreichen Höfen. Eine besonders große Sammlung befand sich einst im ostböhmischen Schloss Kuks, die berühmtesten Beispiele heute stehen im Park des Schlosses Mirabell zu Salzburg. Arnim-Bärwalde hatte seine Figuren über den sächsischen Hof bezogen.

ZITAT

Alles drängt sich nah zusammen,
Herz an Herz und Baum an Baum,
All' aus einer Erde stammen,
Flammend einer Liebe Traum:
Himmlisch Spiel, die frischen Kränze
Decken all' mit gleichem Grün,
Jenen, dass er siegend glänze,
Diese, dass sie drunter blühn.

Achim von Arnim: »Jung und Alt im Frühling«

O Baum, dich umdrängt heute der Bienen Schar, sie ziehen dem Duft nach der honigregnenden Blüte, sie sammeln ihren befruchtenden Staub und versummen die Tagesglut in deiner Krone kühlem Rau-

schen. Aber dann würd in deinem Schatten ruhn, der König ist am Mahle des Geists, und nähren würde deine Wurzel die Flut, die den eignen Gott im Busen ihm begeistert, zu allerobberndem Triumph.
Bettina von Arnim: »Vor zwei Jahren geschrieben an einem Ostermontag«

Ehrwürdiges schönes Haus
Mit dem zwiefachen Dach – doppelt
Allein bin ich da und dem Wetter, dem hellen
Dem knatternden Hagel, so mildem Mond
Ausgesetzt. Ach ich gedenke
Der rührenden Zeit, als fast eines Bruders
Zärtliche Hand mich morgens geweckt hat und
Ein Tag der Zwilling des vorigen war.
Sarah Kirsch: »Wiepersdorf«

ADRESSEN ZUR TOUR

Künstlerhaus Schloss Wiepersdorf mit Bettina und Achim von Arnim Museum
Bettina-von-Arnim-Straße 1
14913 Wiepersdorf
Öffnungszeiten: Febr. bis Nov.:
Sa, So u. feiertags: 13–16 Uhr
Führungen jeden ersten So im Monat um 14 Uhr
Eintrittspreise: 2 €, erm. 1 € (Kinder bis 12 J. frei), 4 € bei Führungen

Anschluss an den Flämingskate
Rundkurs 1 (92,2 km)

Zur Alten Schmiede
Gasthof
Dorfstraße 12
14913 Wiepersdorf
Telefon 033746-72237

Vogel ohne Flügel

Roger Loewig und Bad Belzig

Lithostein

LITERATURTOUR KOMPAKT

Anreise: Bahn: RE 7 Richtung Dessau, ab Bhf. Bad Belzig 450 Meter zu Fuß
Auto: A115 und A9, Ausfahrt Niemgk nehmen, weiter auf B102, B102 folgen, Niemegker Str.in bad Pelzig bs Flämingweg nehmen, Dauer ca. 1 Stunde 20 Minuten von Berlin

Besichtigung: • Roger-Loewig-Haus, Burg Eisenhardt, Marienkirche, Altstadt

Einkehrmöglichkeiten: Eiscafé »Zur Postmeile«, Hotel Burg Eisenhardt

Wanderwege: Kunstwanderweg Hoher Fläming, Europäische Fernwanderweg E11, Europaradweg R1, Panoramawanderweg, Kunst- u. Burgenwanderweg, Barfußwanderweg, Burgenwanderweg, Bad Belzigs Naturerlebnispfad (besonders für Kinder geeignet)

Bademöglichkeiten: Steintherme

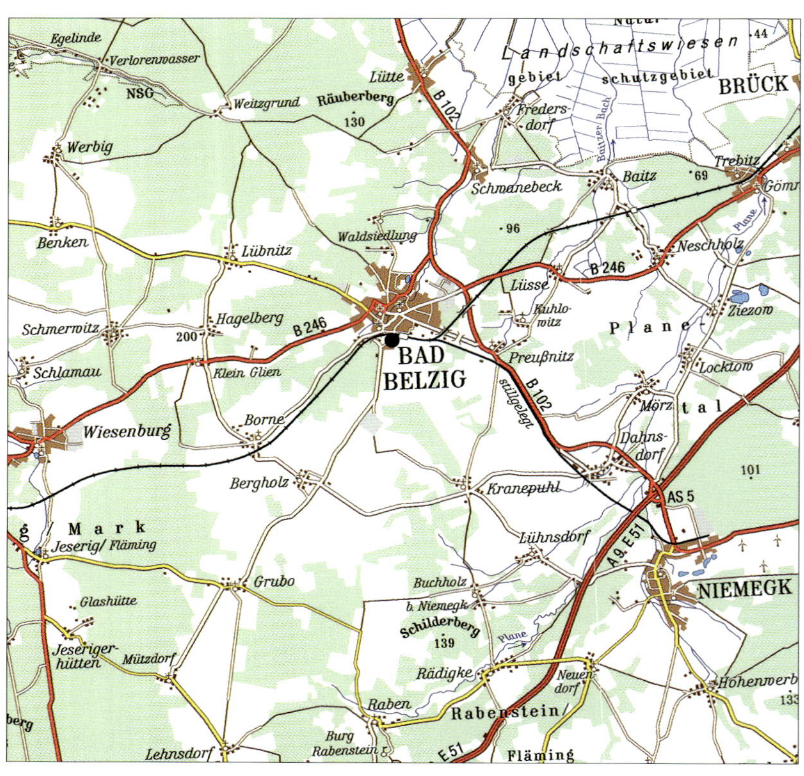

Loewig-Haus

DIE GEDENKSTÄTTE

Das dreigeschossige Gebäude hat eine hölzerne Außenverkleidung, ein flaches Satteldach und einen auf drei Seiten umlaufenden Balkon. Es gibt zwei moderne Anbauten. Der Standort ist ein weitläufiger Garten an einem Hang.

Er ist etwas mühsam zu finden. Der Weg dorthin, eine mit groben Betonplatten bedeckte Straße, ist erkennbar ein DDR-Produkt, der Anstieg zu Haus und Garten führt über einen Trampelpfad. Es scheint, als wolle sich das Anwesen verstecken. Wer will, mag darin etwas Symbolisches erkennen.

Gewidmet ist das Haus dem Malerpoeten Roger Loewig. Er war oft hier zu Gast, seinen ständigen Wohnsitz hatte er anderswo, zuletzt in der West-Berliner Großsiedlung Märkisches Viertel. Das Haus in Belzig bewohnte sein alter Freund Wolfgang Woizick, der es dann der Roger-Loewig-Stiftung vermittelt hat. Er selbst nutzt noch ein paar Räume.

Der größere Teil des Hauses ist öffentlich zugänglich. Hier hängen Gemälde und Grafiken Loewigs, und es gibt reichlich Platz für Veranstaltungen. Während seiner Aufenthalte, sie fanden vor seiner Ausreise statt und dann wieder nach dem Fall der Berliner Mauer, hat Roger Loewig die den Ort umgebenden Landschaften des Fläming immer wieder aufgesucht und porträtiert, literarisch wie bildnerisch. »Belzig war

Balkon am Loewig-Haus, Blick auf Bad Belzig, Ergänzungsbau

der Ort seines Schaffens und wurde mehr und mehr zur Heimat«, sagt seine Biografin Felice Fey. Die Bleistiftskizzen, die hier entstanden, sind höchst eindrucksvoll, ebenso wie die aus jener Zeit stammenden Verse.

DER SCHRIFTSTELLER

Roger Loewig war als Künstler ein Autodidakt. Der 1930 in Schlesien Geborene lebte nach 1945 mit seiner Mutter bei Verwandten in der Lausitz. Das Gymnasium musste er vor dem Abitur verlassen, wegen Renitenz; eine Weile lebte er als Wald- und Forstarbeiter. 1951 begann er eine Ausbildung als Lehrer und unterrichtete ab 1953 Deutsch und Russisch an einer Ost-Berliner Schule.

Gezeichnet und geschrieben hatte er von Jugend an. Seine ästhetischen Vorbilder fand er im deutschen Expressionismus, für seine literarischen Arbeiten suchte er Anregungen im Werk Franz Kafkas. Intensiven persönlichen Kontakt hatte er mit Marga Böhmer, Ernst Barlachs Lebensgefährtin in Güstrow. Loewig wurde in den DDR-Künstlerverband aufgenommen, seine erste Einzelausstellung erhielt er in einer Ost-Berliner Kirchengemeinde.

Der Bau der Berliner Mauer bedeutete für ihn einen mehr als schmerzhaften Einschnitt. Die Verbindung zum West-Berliner Kunstbetrieb, die er regelmäßig wahrnahm, wurde damit beendet. Er schloss

Ausstellungsräume

sich einem oppositionellen Kreis an, die politische Polizei verhaftete ihn 1963, wegen »staatsgefährdender Hetze und Propaganda« wurde er zu zwei Jahren Zuchthaus verurteilt. Der größte Teil der Strafe war zur Bewährung ausgesetzt. Die Zeit der Untersuchungshaft hatte ihn genügend geprägt. Mehr und mehr handelten seine Bilder von Leid, von Verwundung, von Gefangenschaft und Sterben, meist in politischen Zusammenhängen, wie Krieg und Holocaust.

Die Bewährungszeit endete 1966. Inzwischen waren, auch durch Bemühungen seiner Lebensgefährtin, westdeutsche Sammler und ein einflussreicher westdeutscher Galerist auf ihn aufmerksam geworden. Loewig arbeitete, er konnte verkaufen, sein Name wurde bekannt, in Westdeutschland mehr noch als in der DDR, wo er vornehmlich im Umfeld der evangelischen Kirche verkehrte. Schließlich, 1971, durfte er die DDR verlassen.

Er lebte in West-Berlin. Er hielt, so gut es möglich war, Kontakt zu seinen Freunden in der DDR. Er hatte Ausstellungen, seine Druckgrafiken erschienen, auch seine literarischen Arbeiten, vornehmlich war es Lyrik. Er gehörte zum Kreis der West-Berliner Malerpoeten, wie Kurt Mühlenhaupt und Günter Bruno Fuchs, wie Robert Wolfgang Schnell, Oskar Pastior und Günter Grass. Es gibt erzählende Prosa von ihm und ein Romanfragment.

Burg Eisenhardt

Seine letzte große Werkgruppe widmete er der Stadt Belzig und der Landschaft des Flämings. Er zeichnete Dorfkirchen, wieder gibt es, wie früher schon, Bilder mit religiösen Themen, man hat ihm ein »fragmentiertes Christentum« bescheinigt. Seine bildnerischen Arbeiten bewegen sich zwischen Fauvismus, Sachlichkeit und Symbolismus.

Er war, anders als seine Lyrik vermuten lässt, ein vitaler und kräftiger Mann, besessen von seiner Arbeit und ziemlich trinkfest. Gestorben ist er 1997 in seiner Berliner Wohnung. Die Urne mit seiner Asche wurde in der Ostsee versenkt.

DIE UMGEBUNG

Die Elftausend-Seelen-Stadt Belzig führt seit dem Jahr 2010 den offiziellen Titel »Bad«. Sie darf das vermöge des Thermal-Soleheilbades, das es hier gibt und das ihr auch vermehrten touristischen Zuspruch bescherte. Gelegen am Eingang des Hohen Fläming, ist Belzig außerdem Ausgangspunkt für Rad- und Wandertouren.

Gegründet wurde die Stadt im Hochmittelalter. Urbaner Mittelpunkt war und ist die Burg Eisenhardt mit ihrem eindrucksvollen Bergfried, dem »Butterturm«. Burg wie Stadt wechselten wiederholt den Besitzer, brandenburgisch wurde das alles erst 1815 mit dem Wiener Kongress.

Hoteleingang, Bergfried, Wegweiser

Belzig besitzt eine ansehnliche historische Altstadt, mit der Marienkirche, einem weitgehend romanischen Sakralbau, dem barocken Rathaus und etlichen alten Bürgerhäusern. Es gibt einen ausgedehnten Kurpark. Das städtische Museum befindet sich in der Burg Eisenhardt.

ZITAT

Ein Vogel bin ich ohne Flügel,
im Flämingland auf meinem Hügel
bin ich die alte Mühle ohne Wind.

Ich bin ein Fisch in Aschezeilen,
die Flossen spießen im Gestrüpp,
ein schwarzes Schiff bin ich und leck
mit vielen hunderttausend Meilen
verfaultem Heimweh unter Deck.

»Ein Vogel bin ich«

Altstadt von Bad Belzig

ADRESSEN ZUR TOUR

Roger-Loewig-Haus
Flämingweg 6
14806 Bad Belzig
Öffnungszeiten:
15. März bis 19. Okt., Sa bis So 14–17 Uhr sowie nach Vereinbarung.
Eintritt frei

Steintherme
Mehrere Thermalbecken, Massageduschen, Licht-Klang-Raum, Saunen und Dampfbäder
Am Kurpark 15, 14806 Bad Belzig
Öffnungszeiten:
So–Do, 10–22 Uhr, Fr u. Sa 10–23 Uhr
Eintrittspreise: Abhängig von Dauer und Sauna/Bad 15–26 €, erm. 5–13€

Burg Eisenhardt
Historisches Wahrzeichen der Stadt mit dem Heimatmuseum
Wittenberger Straße 14
14806 Bad Belzig
Öffnungszeiten:
Mi bis Fr 13–17 Uhr, Sa u. So 10–17 Uhr
Eintrittspreise:
Turm 1 €; Museum u. Turm 2,50 €, erm. 1,50 €. Zusätzlich Gruppen- und Familienkarten möglich

Marienkirche
Romanische Kirche des 13. Jh. mit zwei spätgotischen Anbauten und dem Brandenburgischen Orgelmuseum
Kirchplatz 3, 14806 Bad Belzig
Öffnungszeiten:
Fr–So 11–18 Uhr

Stadt- und Burgführung in Bad Belzig
Jeden Sonntag, Start 11 Uhr direkt an der Tourist-Information
Dauer: ca. 1,5 Stunden
Preis: 4 € pro Person
Auf Anfrage andere Termine möglich

Marktplatz von Bad Belzig

Diverse Wanderwege
Panoramawanderweg,
Kunst- u. Burgenwanderweg,
Barfußwanderweg, Bad Belzigs
Naturerlebnispfad (besonders für
Kinder geeignet)

Touristeninformation
Marktplatz 1
14806 Bad Belzig
Telefon: 033841-387 99 10
info@bad.belzig.com
Öffnungszeiten Tourist-Info:
Okt. bis März: Mo bis Fr 10–17 Uhr,
Sa, So u. an Feiertagen 10–15 Uhr,
Apr. bis Sept.: Mo bis Fr 9–18 Uhr,
Sa, So u. an Feiertagen 10–15 Uhr

Eiscafé »Zur Postmeile«
Bahnhofstraße 16
14806 Bad Belzig
Telefon: 033841-44 99 33
info@eiscafe-bad-belzig.de

Hotel Burg Eisenhardt
Straße der Einheit 41
14806 Bad Belzig
Telefon: 033841-6030
mailto@hotel-burg-eisenhardt.de

Das Versailles von Berlin

Schriftsteller und Potsdam

Mars-Statue

LITERATURTOUR KOMPAKT

Anreise: Bahn: S2, S7, RE1, RE7 bis Potsdam Hbf
Auto: A100 und A115 bis Friedrich-List-Straße/B1 in Potsdam nehmen, auf Nuthestraße Ausfahrt Friedrich-List-Straße nehmen, Friedrich-List-Straße/B1 folgen, bis Babelsberger Str. fahren, Babelsberger Str. bis Potsdam Zentrum nahe Hbf.

Besichtigung: Schloss Sanssouci und Park, Neues Palais, Villa Quandt, Jüdischer Friedhof, Schloss Cecilienhof, Villa Schöningen, Filmmuseum Potsdam, Gedenkstätte Lindenstraße, Potsdamer Museum, Naturkundemuseum Potsdam, Museum Fluxus + , Museum Barberini

Einkehrmöglichkeiten: Café Heider, Restaurant am Pfingstberg

Wanderwege: Europawanderwege E10 und E11, Fontane Wanderweg, Berliner Mauerweg, 66-Seen-Rundwanderweg, Rundweg der Gartenträume

Bademöglichkeiten: Tiefer See Potsdam, Heiliger See, Griebnitzsee, Sacrower See, Templiner See

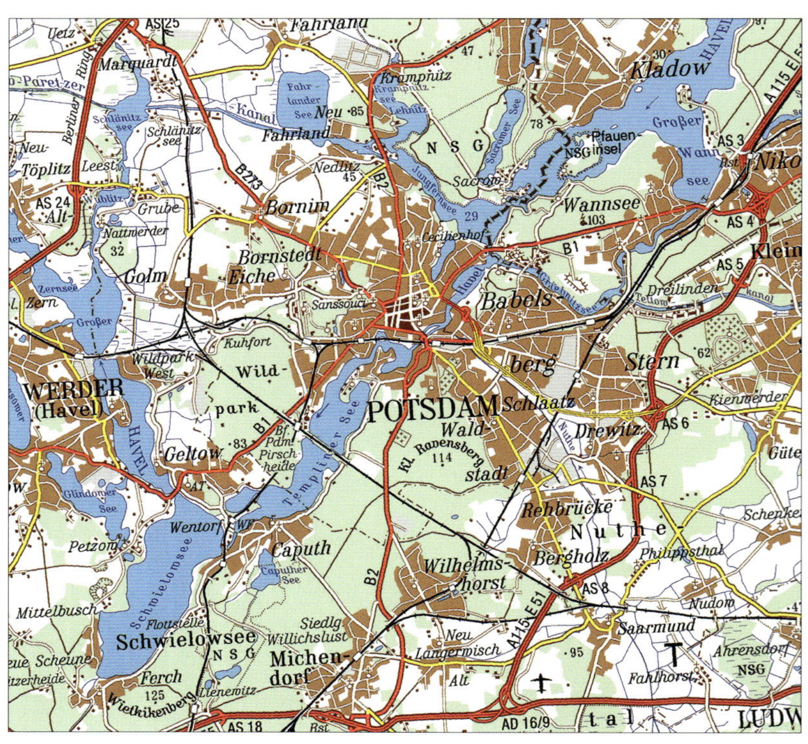

Schloss Sanssouci

DIE GEDENKSTÄTTE (I)

Schloss und Park Sanssouci entstanden ab dem Jahr 1744. Der Südhang des Bornstedter Höhenzugs erhielt Terrassen und wurde mit Wein bepflanzt, auch Spalierobst wuchs, und während des Sommers standen dort Orangenbäume in Kübeln. Stufen führten den Hang hinauf bis zur Rokoko-Architektur des Schlosses, das der Baumeister Georg Wenzeslaus von Knobelsdorff entworfen hatte. Die Eröffnung fand nach zweijähriger Bauzeit im Mai 1747 statt.

Sanssouci wurde bevorzugter Aufenthaltsort von Preußenkönig Friedrich II. während der warmen Jahreszeit. Die Wintermonate verbrachte er, sofern anwesend, im Potsdamer Stadtschloss. Nach seinem Tod haben die Nachfolger manches umgestaltet, so geschah dann erst die Verlängerung der Seitenflügel. Seit 1873 ist Sanssouci Museum.

Der Bau ist eingeschossig und umfasst zwölf Räume, darunter eine Bibliothek. Auf die relativ schlicht gestaltete Front im Norden antwortet die erheblich reichhaltiger entworfene Südseite, mit Ehrenhof und Kolonnaden. Ästhetische Anregung für alles war, wie bei anderen europäischen Palastbauten, das vom Franzosenkönig Ludwig XIV. errichtete Schloss Versailles.

Die Parkanlage im französischen Stil hat eine Gesamtfläche von 289 Hektar. Es gibt Rasenstücke, Hecken, Bäume, Blumenrabatten, da-

Statue Friedrichs II.

zwischen stehen kleinere Architekturen wie der Freundschaftstempel, der Chinesische Pavillon und die Neptungrotte. Es gibt allerlei Statuen nach antiken Vorbildern und auch eine Fontäne, die freilich erst im 19. Jahrhundert zu funktionierte begann, in den Lebzeiten des Erbauers misslang dies.

Nahe beim Schloss befindet sich das Grab Friedrichs II. Es befindet sich dort erst seit 1991. Zuvor hatte der königliche Sarg eine kleine Odyssee hinter sich bringen müssen: von der Potsdamer Garnisonkirche nach Marburg, danach ins schwäbische Hechingen und erst dann an jenen Platz, den der König zu seiner letzten Ruhestatt eigentlich bestimmt hatte.

Wer Schloss und Park Sanssouci aufsucht, tut das nicht vordringlich aus literarischen Gründen. Eine poetische Gedenkstätte ist es dennoch und dies gleich in mehrfacher Hinsicht.

DER SCHRIFTSTELLER (I)

Friedrich II. von Preußen (1712–1786) war Staatsmann, Feldherr, Kunstfreund und Komponist. Er führte drei Kriege, die das von ihm regierte Land zu einer europäischen Großmacht erhoben. Als Kind von seinem Vater schwer misshandelt, versuchte er zu fliehen, was er mit einer längeren Festungshaft büßen musste. Kaum gekrönt, ließ er sich mit halb

Europa auf einen militärischen Konflikt ein, der ihn schließlich in den Besitz der reichen österreichischen Provinz Schlesien brachte. Er kultivierte das Oderbruch und führte den Kartoffelanbau ein. Er war belesen, spielte Flöte und hielt sich Windhunde. Er schnupfte Tabak. Er war ein Frauenfeind. Er litt an der Gicht, und gegen Ende seines Lebens vernachlässigte er Kleidung und Körperpflege.

Er war auch ein Schriftsteller. Für den Komponisten Carl Heinrich Graun schrieb er das Libretto zu der Oper »Montezuma«. Er verfasste eine Geschichte des Hauses Brandenburg (dem er selbst entstammte) und eine wortreiche Widerlegung des italienischen Renaissance-Autors Niccolò Macchiavelli.

Geschrieben hat er überwiegend auf Französisch, wiewohl nicht ausschließlich, es gibt auch deutsche Verse von ihm: »Da füllt Philosophie gar manche Stunde; / Bald fesselt Newton und die Sternenkunde, / Bald Dichtkunst, Malerei uns ganz, / Bald freun wir uns an der Geschichte Themen, / Bald sinnen wir ob den Problemen / Der Größe Roms und Griechenlands.« Dies beschreibt seine Kronprinzenzeit in Rheinsberg, von der er später sagen würde, sie sei die glücklichste Periode seines Lebens gewesen.

Texte in deutscher Sprache, stets in fehlerhafter Orthografie, blieben die Ausnahme. Von deutscher Dichtkunst hielt er nicht viel, was er in einem ausführlichen Essay zum Thema darlegte: »Beginnen wir mit der deutschen Sprache. Ich werfe ihr vor, dass sie weitschweifig, spröde und unmelodisch ist und dass es ihr an der Fülle bildlicher Ausdrücke gebricht, die so notwendig sind, um gebildeten Sprachen neue Wendungen und Anmut zu geben.« Auch hier ist der originale Wortlaut Französisch. Eine Gesamtausgabe seiner Werke, zwischen 1846 und 1856 erschienen, umfasst 32 Bände.

Nun ist König Friedrich II. von Preußen nicht nur der Autor von Literatur gewesen, er war (und ist) vielfach auch deren Gegenstand. Er dürfte, dies betreffend, eine der meistbehandelten Figuren der deutschen Geschichte überhaupt sein.

Es begann dies schon zu seinen Lebzeiten. Der Theologe und Literat Johann Wilhelm Ludwig Gleim aus Halberstadt hat glühende Verse zum Ruhm des Königs und seiner Kriege verfasst. Die eigentliche Fridericus-Konjunktur setzte freilich erst im 19. Jahrhundert ein, als Preußen-Deutschland ihn als nationalromantische Identifikationsfigur entdeckte. Diese Konjunktur hält bis heute. Das Niveau ist mal trivial, mal anspruchsvoll. Es gibt Sachbücher, Romane, Novellen, Gedichte,

Theaterstücke, Spielfilme, eine Oper. Die Rezeption des Königs erbringt Apologien ebenso wie heftige Kritik. Zu Ersteren gehören etwa die Romane des konservativen Schriftstellers Walter von Molo und der Friedrich-Essay Thomas Manns, zu Letzteren ein Dramenfragment von Thomas Manns Bruder Heinrich und ein Stück des DDR-Dramatikers Peter Hacks.

ZITAT (I)

Mein Namensgedächtnis schwindet, meine geistige Frische lässt nach; meine Beine sind schwach; ich sehe schlecht, – kurz, ich habe Beschwerden wie jeder andere. Aber diese ganze Prozession von Krankheiten und Gebrechen raubt mir meine Heiterkeit nicht, und ich werde mich mit lachendem Antlitz begraben lassen.

Friedrich II. in einem Brief aus Sanssouci

DER SCHRIFTSTELLER (II)

Friedrichs erste Buchveröffentlichung hieß »Antimacchiavell«. Er verfertigte sie, wie erwähnt, noch als Kronprinz, erschienen ist sie 1740. Den französischen Text hatte Friedrich durchsehen lassen von einem Muttersprachler, dessen Arbeiten er kannte und außerordentlich schätzte.

Voltaire war damals Frankreichs berühmtester lebender Schriftsteller. Mit dem Preußenkönig unterhielt er einen ausführlichen Briefwechsel, und schließlich erging an ihn die Einladung, als königlicher Gast und Gesprächspartner nach Potsdam zu kommen. Der Dichter nahm das Angebot an.

Monsieur de Voltaire (1694–1778) hieß eigentlich François-Marie Arouet und war von Hause aus Jurist. Literarisch betätigte er sich seit seinen Jugendjahren, er schrieb Lyrik, erzählende Prosa, Epen, Theaterstücke und philosophische Texte. Er wurde zum prominentesten Vertreter der französischen Aufklärung, war Mitautor der Enzyklopädie, ein heftiger Kritiker der katholischen Kirche, ein bravouröser Stilist, ein ingeniöses Lästermaul, ein gerissener Geschäftsmann und Großverdiener. Viele Jahre seines Lebens brachte er im Ausland zu, um den Verfolgungen in seinem Heimatland zu entgehen.

Nach Potsdam kam er 1750. Der König verlieh ihm den Titel eines Kammerherrn, schmückte ihn mit dem Orden Pour le Mérite und zahlte ihm gutes Geld. Voltaire war nicht der einzige Intellektuelle am Hof in Sanssouci, ein anderer Gesprächspartner dort war der französische

Mathematiker Maupertuis, mit dem Voltaire sich indessen gründlich zerstritt.

Überhaupt hielt die gute Beziehung zwischen dem französischen Schriftsteller und dem preußischen Monarchen nicht lange an. Außer in Potsdam, wo er sich nicht wohlfühlte, da ihm das Klima missfiel, hatte Voltaire noch einen Wohnsitz in Berlin. Dort ließ er sich auf riskante Geschäfte ein, gegen den Willen Friedrichs. Er veröffentlichte Texte, die den König ärgerten. Der, seinerseits für seine Sarkasmen berüchtigt, tat den Ausspruch: »Ich brauche ihn noch höchstens ein Jahr; man presst die Orange aus und wirft die Schale weg.«

Dies hinterbrachte man Voltaire, der schließlich ergrimmt aus Potsdam fortging. Friedrich ließ ihn observieren und in Frankfurt unter Hausarrest stellen. 1753 kehrte Voltaire Preußen endgültig den Rücken. Wilhelmine, die Lieblingsschwester des Königs, vermittelte daraufhin zwischen den beiden Kontrahenten, so dass sie ihre Korrespondenz wieder aufnahmen. Zu einer weiteren persönlichen Begegnung kam es nicht mehr.

Von Adolph Menzel stammt ein schönes Gemälde, das Voltaire an Friedrichs Tafel in Sanssouci zeigt. Das Bild ist im Zweiten Weltkrieg verbrannt. Es existieren bloß noch Reproduktionen.

ZITAT (II)

Es ist wahr, dass Potsdam von Schnurrbärten und Grenadiermützen bewohnt ist; aber Gott sei Dank, ich sehe sie gar nicht. Ich arbeite friedlich bei Trommelwirbel. Ich habe mich von den Diners des Königs zurückgezogen; es gibt da zu viele Generale und Fürsten. Ich konnte mich nicht daran gewöhnen, immer in zeremonieller Haltung einem König gegenüber zu sitzen und Gespräche vor aller Öffentlichkeit zu führen.

Voltaire in einem Brief

DIE GEDENKSTÄTTE (II)

Die Villa Quandt auf dem Potsdamer Pfingstberg ist ein klassizistisches Gebäude, dessen älteste Bauzeugnisse auf die Zeit um 1800 zurückreichen. Seinen Namen erhielt es nach einer ihrer Bewohnerinnen, der Witwe Ulrike Augusta von Quandt, die eine Stiftung für Augenleidende und unbemittelte Frauen unterhielt. 1841 erwarben die Hohenzollern das Haus und behielten es bis 1945. Dann zogen der Moskauer Geheimdienst KGB und die sowjetische Militärverwaltung ein. Nach gründlicher Sanierung nutzen seit 2007 zwei literarische Institutionen das Gebäude: das Theodor-Fontane-Archiv und Brandenburgs Literaturbüro.

Das Archiv gehört zur Universität Potsdam. Es betreut große Teile der Fontane-Manuskripte und unterhält eine umfängliche Präsenzbibliothek. Es verantwortet Publikationen und Veranstaltungen zu Person und Werk des Dichters.

Das Literaturbüro kümmert sich um Lesungen, um Ausstellungen, um Veröffentlichungen, um Podiumsdiskussionen. Ihr Objekt sind literarische Neuerscheinungen ebenso wie Literaturdenkmäler der Vergangenheit, vornehmlich solche aus der Mark Brandenburg.

DIE SCHRIFTSTELLER (III)

Auch nach Voltaire und König Friedrich II. blieben Potsdam und seine Umgebung eine Literaturlandschaft. Schriftsteller kamen zu Besuch, für kurze oder längere Zeit, sie schrieben darüber, die poetischen Texte über die Region sind zahlreich.

Der Schriftsteller Friedrich Georg Rebmann (1768–1824), aus Franken gebürtig und radikaler Anhänger der Französischen Revolution, hat Potsdam im Jahr 1793 besucht und seine freundlichen Eindrücke in einem ausführlichen Passus seiner »Kosmopolitischen Wanderungen durch einen Teil Deutschlands« niedergelegt.

Der Romantiker Ludwig Tieck (1773–1853) lebte ab 1841 alle Sommermonate in Potsdam, auf Einladung und auf Kosten des königlichen Hofes. Das klassizistische Gebäude steht in der heutigen Schopenhauerstraße und trägt inzwischen seinen Namen.

Der Dichter und Journalist Ludwig Rellstab (1799–1860) kam aus einer Musikerfamilie und war seinerseits musikalisch hochgebildet. Er wirkte als Kritiker für Berlins führendes Tageblatt, die »Vossische Zeitung«, attackierte den erfolgreichen Komponisten Giacomo Meyerbeer, dem er dann aber ein Libretto lieferte. Daneben hat er Novellen verfasst und einen historischen Roman. Seiner »Reisebildergalerie« von 1860 handelt ausführlich von Potsdam.

Louise von François (1817–1893) hat drei Jahre lang in Potsdam gelebt, wo sie, völlig verarmt, die Pflege eines nahen Verwandten übernahm. Nach dessen Tod begann sie eine Karriere als Schriftstellerin. Unter anderem hat sie, gleichsam als Reflex ihres Potsdam-Aufenthalts, eine Geschichte der »preußischen Befreiungskriege« verfasst.

Belvedere auf dem Pfingstberg

Theodor Storm (1817–1888) kam als politischer Flüchtling nach Potsdam und war hier vier Jahre lang Gerichtsassessor. Er hat sich in der Stadt nicht wohlgefühlt. Er empfand Abscheu vor dem »preußischen Menschenverbrauch im Staatsmechanismus«. Sein Freund Theodor Fontane sagte über ihn: »Heimisch hat er sich in dem ›großen Militärkasino‹ Potsdam nie gefühlt, und so gastlich man ihn auch aufnahm, die Potsdamer Jahre waren eine trübe Zeit für ihn.«

Fontane selbst hat Potsdam gemocht, wie er auch König Friedrich II. mochte. Über beide hat er ausführlich geschrieben. Die Stadt kommt in vielen seiner Romanen vor, auch in seinen Reisebildern und in seiner Autobiografie.

Willibald Alexis (1798–1871) war Autor von historischen Romanen über die Geschichte Brandenburgs. Potsdam ist in seinen Büchern ein häufiger Handlungsort, etwa in »Ruhe ist die erste Bürgerpflicht«: »Er folgte den welken Blättern, die der Wind vor seinen Füßen trieb; ihm gleich wohin. Er folgte ihnen aus der Stadt, hinaus aufs Feld, auf die Höhen. Ehe er es selbst wusste, stand er auf dem Ruinenberge, der das unter ihm liegende Sanssouci und die noch tiefere Stadt beherrscht.«

Bernhard Kellermann (1879–1951) war ein erfolgreicher deutscher Schriftsteller. »Yester und Li«, »Ingeborg« und sein Science-Fiction-

Roman »Der Tunnel« erreichten ein großes Publikum. Er gehörte zu den Autoren, deren Bücher 1933 öffentlich verbrannt wurden, mühsam brachte er sich durch die Jahre der braunen Diktatur. Nach deren Ende gründete er gemeinsam mit Johannes R. Becher den Kulturbund zur demokratischen Erneuerung Deutschlands, dessen Gebäude am Heiligen See er betreute und das inzwischen Villa Kellermann heißt. Lange existierte darin ein italienisches Restaurant, inzwischen ist es unzugänglicher Privatbesitz eines Kunstsammlers. Kellermann liegt in Potsdam begraben.

Die 1964 geborene Schriftstellerin Grit Poppe lebt mit ihrer Familie in Potsdam. Die Tochter eines bekannten DDR-Bürgerrechtlers studierte am Literaturinstitut in Leipzig, ihr erster Roman erschien 1989. Sie hat sich einen Namen als Kinder- und Jugendbuchautorin gemacht und wurde dafür ausgezeichnet.

ZITATE (III)

Ein trefflicher Palast, mit ionischen Säulen verziert,
Gereiht an andre seinesgleichen,
Entzückt dein trunknes Aug‘, das sich in der Größe verliert,
Du fühlst dich klein und arm im Kreis so vieler Reichen.
Noch staunest du, als auf der Balustrade
Ein altes Weib erscheint und vom frugalen Mahle
Den Rest der ärmlichen Kartoffelschale,
Dir vor die Füße wirft, indes an der Fassade
Des Schlosses man die Inschrift erblickt:
»Hier werden alte Schuhe geflickt.«

Friedrich Georg Rebman: »Potsdam«

Die Stadt Potsdam ist das Versailles von Berlin, und mehr als das. Denn es ist nicht nur die Sommerresidenz des Königs, mit einem prachtvollen Garten, wie Versailles, sondern es ist gewissermaßen die Sommerstadt Berlins, dessen Sommervorstadt wenigstens. Zu Friedrichs des Großen Zeit allerdings, hatte Potsdam nur einen seiner großen, und zwar einen erst neu angelegten Garten, den von Sanssouci. Doch jetzt hat es, der ungemeinen Vergrößerung und Verschönerung dieses ersten nicht zu gedenken, königliche und prinzliche Gärten auf allen Seiten.

Ludwig Rellstab: »Reisebildergalerie«

Jüdischer Friedhof

DIE GEDENKSTÄTTE (IV)

Potsdams jüdischer Friedhof befindet sich in der Puschkinallee, am Südhang des Pfingstberges. 1743 angelegt, liegen hier Rabbiner, Kantoren, Geschäftsleute und Akademiker begraben. Die 1910 errichtete Trauerhalle war das Werk der Architekten Bornstein und Kopp, sie wurde, ebenso wie manche Gräber, in der Pogromnacht 1938 und danach schwer beschädigt. Die Reparatur- und Sanierungsarbeiten begannen 1988, nach 1990 intensivierten sie sich. Bestattungen finden weiterhin statt.

Schriftstellergräber gibt es hier keine. Für die jüdische Präsenz in Potsdam existieren zahlreiche literarische Belege. Der Potsdamer Judenfriedhof ist ein angemessener Ort, an sie zu erinnern.

DIE SCHRIFTSTELLER (IV)

Rahel Varnhagen geborene Levin (1771–1833) war eine produktive Autorin, vor allem aber wurde sie bekannt für ihren Salon. Sie hat Potsdam besucht und zeigte sich von der Stadt angetan: »Potsdam war lange nicht so öde, als ich‘s dachte; keine Zerstörung, lebhafter in den Straßen, als sonst. Viel und gutes Obst.«

Anders Rahels Gast und Verehrer Heinrich Heine (1797–1856). Er sah in Potsdam einen Ort mit doppeltem Gesicht: gleichermaßen

Park Sanssouci

Militärgelände wie Kunstlandschaft, wobei das Negative für ihn überwog.

Georg Hermann (1871–1943) wurde mit seinen Romanen um Jettchen Gebert und Henriette Jacoby ein bedeutender Chronist jüdischen Bürgerlebens. Er war ein Bruder des Ägyptologen Ludwig Borchardt, durch den die Büste der Nofretete nach Berlin gelangte. Hermann musste 1933 emigrieren. Er ging nach Holland, wo ihn 1943 die Deutschen festnahmen und nach Auschwitz brachten. Anderthalb Jahrzehnte zuvor hatte er das Buch »Spaziergang in Potsdam« herausgebracht.

Der Schriftsteller Arnold Zweig schrieb einen mehrbändigen Romanzyklus über den Ersten Weltkrieg, der sein Hauptwerk wurde. Der erste Teil, »Die Zeit ist reif«, erzählt von einer jüdischen Großbürgerfamilie in Potsdam. Auch stilistische Ähnlichkeit mit Georg Hermann ist bemerkenswert.

»Die Weltbühne«, viel beachtete und einflussreiche Wochenschrift in den 1920er-Jahren, unterhielt im Holländischen Viertel ein Büro. Das Blatt wurde in Potsdam hergestellt, in der Druckerei Edmund Stein, Hegelallee 53. Wichtigster Mitarbeiter und zeitweilig Chefredakteur war Kurt Tucholsky. Von ihm gibt es allerlei Äußerungen über Potsdam, manche klingen nicht sehr gnädig.

Dann saß noch, für mehrere Jahre, ein bedeutender Buchverlag in der Stadt, der von Gustav Kiepenheuer. Seine Autoren waren unter anderem Joseph Roth und Franz Kafka, sein wichtigster Lektor in jener Zeit war Hermann Kesten.

Mascha Kaléko (1907–1975) kam aus Galizien, seit 1918 lebte sie in Berlin. Ihre Verse, eine erste Sammlung hieß »Das lyrische Stenogrammheft«, waren überaus populär, sie vereinen Frivolität, Sentiment, Spott und Melancholie und dies oft in der nämlichen Zeile. Sie erzählen vom Leben in der Großstadt Berlin und von Fluchten aus ihr, das Ziel kann Potsdam heißen. Mascha Kaléko blieb bis 1938 in Deutschland und emigrierte dann, zunächst in die USA, später lebte sie in Jerusalem. Gestorben ist sie in der Schweiz.

ZITATE (IV)

Vorgestern war ich in Sanssouci, wo alles glüht und blüht, aber wie! du heiliger Gott! das ist alles nur ein gewärmter, grünangestrichener Winter, und auf den Terrassen stehen Fichtenstämmchen, die sich in Orangenbäume maskiert haben. Potsdam erscheint uns als ein Denkmal, durch seine öden Straßen wandern wir wie durch die hinterlassenen Schriftwerke des Philosophen von Sanssouci, und obgleich es jetzt nur steinerne Makulatur ist und des Lächerlichen genug enthält, so betrachten wir es doch mit ernstem Interesse und unterdrücken hier und da eine aufsteigende Lachlust.

Heinrich Heine: Brief an Friederike Roberts

An der Seite, unter Linden, träumen Droschken. Man sieht provinzielle oder ländliche Gesichter (jedenfalls andere wie in Berlin). Ein Krümperwagen kommt vorgefahren, und – vor allem! – eine ganz unerwartete Weite empfängt uns. Erstaunlich viel Himmel und viel Licht liegt über dem Ganzen. Man sieht eine Menge Grün auf einmal. Parks, Gärten, Wälder. Ach, wozu eigentlich weitergehen?

Georg Hermann: »Spaziergang in Potsdam«

DIE UMGEBUNG

Potsdam, heute Regierungssitz des Bundeslandes Brandenburg, hat eine lange Geschichte. Ursprünglich westslawische Siedlung, gelangte es im 12. Jahrhundert in deutschen Besitz und wurde Stadt. Seine große Karriere begann im Barockzeitalter, als die Hohenzollern hier bauen ließen

Holländisches Viertel

und manche der preußischen Herrscher hier residierten. Gegen Ende des Zweiten Weltkriegs erlitt die Stadt schwere Zerstörungen, vor allem im Zentrum. Manches wurde wieder hergestellt, anderes nicht; mit dem wiedererrichteten Stadtschloss erhielt Potsdam jedenfalls einen wichtigen Teil seiner historischen Mitte zurück.

Die Stadt ist an feudalen Prachtbauten sehr reich. Neben Sanssouci gibt es das von König Friedrich II. erbaute Neue Palais, Friedrichs Nachfolger Friedrich Wilhelm II. ließ das Marmorpalais errichten, der vierte Friedrich Wilhelm, Schloss Charlottenhof, die Römischen Bäder und das Orangerieschloss. Jüngstes Beispiel ist das während des Ersten Weltkriegs entstandene Schloss Cecilienhof, berühmt dafür, dass 1945 darin die Potsdamer Konferenz der vier alliierten Siegermächte über das besiegte Hitler-Deutschland zusammentrat. Neben dem Park von Sanssouci im streng französischen Stil existiert der nach englischen Vorbildern gestaltete Neue Garten.

Bedeutende preußische Architekten haben in Potsdam gebaut: der Barockbaumeister Philipp Gerlach, der Klassizist Karl Friedrich Schinkel und dessen Schüler Ludwig Persius. Das von Friedrichs Vater, dem Soldatenkönig Friedrich Wilhelm angelegte Holländische Viertel ist eine städtebauliche Preziose: eine Siedlung von Wohnhäusern im Stil des niederländischen Barock, auf märkischen Sand gestellt. Es gibt die drei erhaltenen Stadttore, darunter das Nauener, das als erste neugotische Architektur auf deutschem Boden gilt.

Seit der Zeit der Befreiungskriege existiert die Kolonie Alexandrowka mit ihren Häusern im russischen Stil. Der zugehörige Sakralbau ist die Alexander-Newski-Gedächtniskirche. Andere bedeutende Gotteshäuser sind die von Knobelsdorff errichtete Französische Kirche, die Heilig-Geist-Kirche und Schinkels Nicolaikirche. Philipp Gerlachs Garnisonkirche, lange ein Wahrzeichen Potsdams, wiewohl ein eher militaristisches, existiert nicht mehr. Es gibt Initiativen, eine Replik zu schaffen.

Teuerstes Quartier der Stadt ist die Berliner Vorstadt, geprägt durch zum Teil äußerst aufwändig gestaltete Wohnbauten. Eines, die Villa Schöningen nahe der Glienicker Brücke, ein Persiusbau, wurde denkmalgerecht saniert und veranstaltet Kunstausstellungen.

Potsdam ist Universitätsstadt. Eines der Hochschulinstitute, das nach Moses Mendelssohn heißt und sich jüdischen Studien widmet, befindet sich in dem ungemein reizvollen barocken Bauensemble des Neuen Markts.

Zu Potsdam gehört das ursprünglich selbstständige Babelsberg mit eigenem Schloss und eigenem Schlossgarten. Das Babelsberger Filmgelände hat eine lange, ebenso ehrwürdige wie widersprüchliche Tradition. Hier ließen ein Kaiserreich, zwei Diktaturen und drei Demokratien Unterhaltung produzieren. Für interessierte Besucher werden Studiotouren angeboten.

In der Potsdamer Innenstadt gibt es seit 1981 ein Filmmuseum mit angeschlossenem Café und Lichtspieltheater, mit einer ständigen Ausstellung und wechselnden Expositionen. Untergebracht ist es in einem prächtigen Barockbau, der vormals Reitpferdestall der Preußenkönige war. Die Architektur stammt von Knobelsdorff.

ADRESSEN ZUR TOUR

Schloss Sanssouci
Öffnungszeiten:
Park: 6–20:30 Uhr, Eintritt frei
Schloss: Di–So 10–18 Uhr,
andere Öffnungszeiten an Feiertagen

Neues Palais
Apr. bis Okt.: Mi–Mo 10–18 Uhr;
Nov. bis März: Mi–Mo 10–17 Uhr,
andere Öffnungszeiten an Feiertagen
Eintrittspreise: 12 €, erm. 8 € (mit Audio-Guide oder Führung).
Zusätzlich Sonder- und Gruppenkarten möglich

Villa Quandt
Große Weinmeisterstraße 46/47
14469 Potsdam

Jüdischer Friedhof
Puschkinallee 18
14469 Potsdam
Öffnungszeiten:
So, Mi, Do; Okt. bis Apr.: 10–13 Uhr,
Mai bis Sept.: 10–16 Uhr

Schloss Charlottenhof
Schloss und Park
Geschwister-Scholl-Straße 34a
14471 Potsdam
Öffnungszeiten:
Mai bis Okt.: Di–So 10–18 Uhr.
Nur mit Führung
Eintrittspreise: 6 €, erm. 5 €

Schloss Cecilienhof
Im Neuen Garten 11
14469 Potsdam
Öffnungszeiten:
Apr. bis Okt.: Di–So 10–18 Uhr,
Nov. bis März 10–17 Uhr
Eintrittspreise: 6€, erm. 5€.

Villa Schöningen
Ausstellungshaus mit verschiedenen Kunstausstellungen
Berliner Straße 86,
14467 Potsdam
Öffnungszeiten:
Do–So 10–18 Uhr
Eintrittspreise: 9 € (Kombiticket),
bis 18 J. frei

Filmmuseum Potsdam
Breite Straße 1a
14467 Potsdam
Öffnungszeiten:
Di–So 10–18 Uhr
Eintrittspreise: 5 €, erm. 4 €

Gedenkstätte Lindenstraße
Erinnerungsstätte an politische Verfolgung in Deutschland.
Untersuchungsgefängnis von Nationalsozialisten und später KPD
Lindenstraße 54
14467 Potsdam
Öffnungszeiten: Di–So 10–18 Uhr
Eintrittspreise: 2 €, erm. 1 €.
Zusätzlich Führungen und Gruppenkarten möglich

Potsdamer Museum
Kunst- und kulturgeschichtliche Sammlung mit über 250.000 Objekten.
Mit Sonderausstellungen und Veranstaltungen
Am Alten Markt 9
14467 Potsdam
Öffnungszeiten:
Di, Mi, Fr, 10–17 Uhr; Do 10–19 Uhr,
Sa u. So 10–18 Uhr
Eintrittspreise: 5 €, Sonderausstellung 5 €, Kombi 7,50 €. Bis 18 J. frei.
Zusätzlich Gruppen- und Sonderkarten möglich

Naturkundemuseum Potsdam
Viele Präparate und Informationen zur biologischen Vielfalt. Mit Sonderausstellungen
Breite Straße 13
14467 Potsdam
Öffnungszeiten:
Di–So 9–17 Uhr u. jeden 1. Mo im Monat mit erm. Eintritt
Eintrittspreise: 4 €; erm. 2€ oder freier Eintritt, je nach Alter. Zusätzlich Sonderkarten und Führungen möglich

Museum Fluxus +
Museum für Moderne Kunst. Schwerpunkt auf Fluxus-Bewegung
Schiffbauergasse 4f
14467 Potsdam
Öffnungszeiten:
Mi–So 13–18 Uhr
Eintrittspreise: 7,50 €, Schüler & Studenten 3 €, bis 13 J. frei. Zusätzliche Ermäßigungen und Sonderkarten möglich

Café Heider
Friedrich-Ebert-Straße 29
14467 Potsdam
Tel.: 0331-270 55 96
kontakt@cafeheider.de

Restaurant am Pfingstberg
Große Weinmeisterstraße 43b
14469 Potsdam
Telefon: 0331 293533
E-Mail: kades.restaurant@web.de

Museum Barberini
Alter Markt
Humboldtstraße 5–6
14467 Potsdam
T +49 331-236014-299
info@museum-barberini.com
www.museum-barberini.com
Mo u. Mi 11–19 Uhr
bis So
An jedem ersten Donnerstag im Monat 11–22 Uhr
Di geschlossen
Eintrittspreise
Regulär € 14
Ermäßigt € 10
Gruppen ab 10 Personen, p. P.€ 10
Kinder/Jugendliche unter 18 Jahre freier Eintritt

Langsam dreht sich das Jahr ins Licht

Peter Huchel und Wilhelmshorst

Hubertusweg 41

LITERATURTOUR KOMPAKT

Anreise: Bahn: RE7 in Richtung Dessau bis Bahnhof Wilhelmshorst oder S2, S7, RE1 bis Berlin Wannsee, dann Umstieg in RB33 Richtung Jüterbog bis Bahnhof Wilhelmshorst, vom Bahnhof Wilhelmshorst 15 Minuten Fußweg
Auto: A 100, A115/E51 bis Potsdamer Str. in Nuthetal, auf A115/E51 Ausfahrt 8-Saarmund, L77 und Peter-Huchel-Chaussee bis Hubertusweg in Michendorf

Besichtigung: Peter-Huchel-Haus, Villenkolonie Wilhelmshorst
Einkehrmöglichkeiten: Gasthaus & Pension »Forelle«

Wanderwege: Rundwanderweg Wilhlemshorst

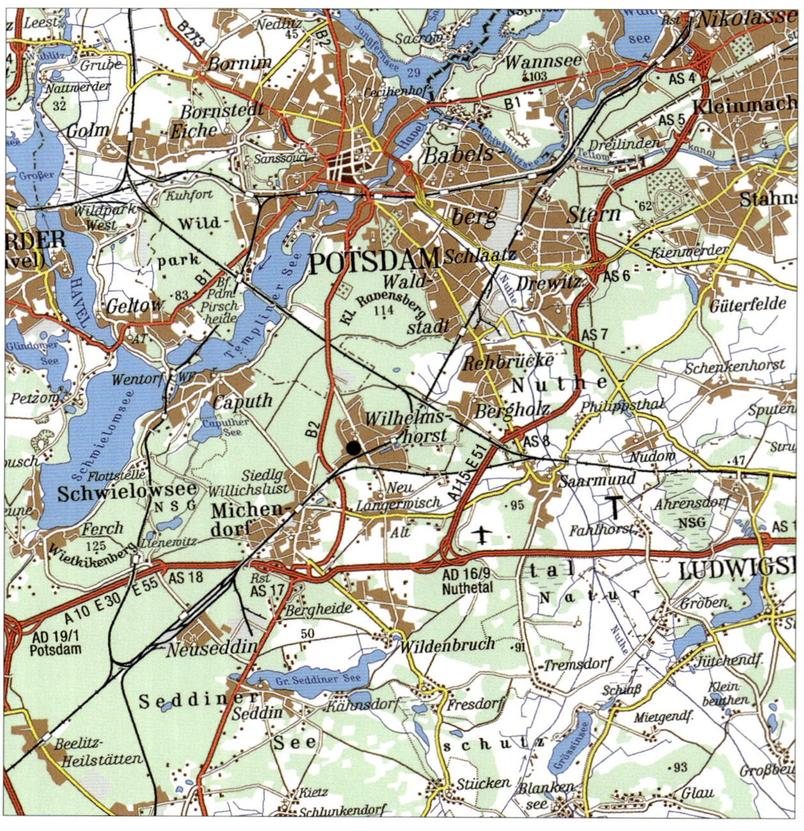

Eingangsbereich

DIE GEDENKSTÄTTE

Das Haus Hubertusweg 41 in Wilhelmshorst bei Potsdam war für mehrere Jahre der Wohn- und Arbeitsort des Dichters Peter Huchel. Heute ist es eine ihm gewidmete Gedächtnisstätte, mit einem Verein als Träger.

Das Gebäude mit geräumigem Garten war ein Literatendomizil von Anfang an. Der Erbauer hieß Bernhard Hoeft (1863–1945). Im Hauptberuf Lehrer, machte er sich einen Namen als Leopold-von-Ranke-Forscher, daneben schrieb er Novellen und Romane. Später, nach Huchels Fortgang, zog in das Haus, übrigens auf Huchels Wunsch, dessen Freund, der Lyriker Erich Arendt ein. Nach der deutschen Wiedervereinigung sorgte Huchels Witwe Monica dafür, dass die Umwandlung zu einem Gedenkort erfolgte. Die für Renovierungsarbeiten und die Einrichtung notwendigen Mittel stellte unter anderem das Bundesministerium des Inneren. Die Eröffnung erfolgte 1995.

Im Erdgeschoss des Hauses wird, in Vitrinen, auf Tafeln und mit Einzelstücken, das Leben und das Werk Peter Huchels dokumentiert. Auch die Geschichte des Hauses findet Erwähnung. Ein Begleitband zur Ausstellung, unter dem Titel »Im Kieferngewölbe«, herausgegeben von Peter Walther und Lutz Seiler, ist erhältlich.

Das Haus dient zudem als Ort für literarische Veranstaltungen der unterschiedlichsten Art. Die Träger des in Baden-Baden verliehenen

Ausstellungsraum

Peter-Huchel-Preises werden in Lesungen vorgestellt. Freunde und Weggefährten Peter Huchels kommen zu Wort. Es gab und gibt Symposien und Diskussionen.

DER SCHRIFTSTELLER

Er war ein Kind der Mark Brandenburg. Die Landschaft seiner Geburt wurde zum Inhalt seiner Verse. Er war kein Heimatschriftsteller im trivialen Sinn, er gehörte zu den bedeutenden Vertretern deutschsprachiger Naturlyrik im postexpressionistischen Zeitalter. Abgebildet hat er zunächst die Regionen zwischen Elbe und Oder.

Geboren wurde er 1903 in Lichterfelde bei Berlin. Er wuchs auf in Langerwisch nahe Wilhelmshorst, heute ein Ortsteil von Michendorf. Er studierte Literaturwissenschaft und Philosophie in Berlin, in Freiburg und in Wien. Er unternahm ausgedehnte Reisen: nach Frankreich, Rumänien, Ungarn und in die Türkei.

In seinen literarischen Anfängen zeigte er sich beeinflusst durch die Dichtung Georg Heyms. Seine Naturlyrik entstand dann etwa gleichzeitig mit den Arbeiten seiner Freunde Günter Eich, Horst Lange und Eberhard Meckel, sie hat ihren unverwechselbaren Ton. Publizistischer Mittelpunkt dieser Autoren war eine in Dresden verlegte Literaturzeitschrift, »Die Kolonne«, deren Literaturpreis Huchel 1932 erhielt.

Ausstellungsstücke, Autografen, Huchels Zeitschrift

Damals lebte er bereits in einer hernach berühmt gewordenen Künstlersiedlung am Laubenheimer Platz in Berlin-Wilmersdorf, deren Bewohner sämtlich der äußersten politischen Linken zugehörten. Die meisten von ihnen würden 1933 emigrieren. Huchel blieb, da er bleiben konnte. Sein Geld verdiente er als Hörspielautor, persönliche und literarische Zugeständnisse an die braune Diktatur machte er nicht.

1941 wurde er eingezogen. Er diente bei der Luftwaffe, 1945 geriet er in sowjetische Gefangenschaft. Nach seiner Entlassung kehrte er zurück zur Radioarbeit, zuletzt war er Künstlerischer Direktor beim DDR-Rundfunk.

Er war befreundet mit Remigranten wie Bertolt Brecht, Anna Seghers und Stephan Hermlin, allesamt Kommunisten. Er akzeptierte die antifaschistischen Anfänge des ostdeutschen Staats. Johannes R. Becker, Lyriker und hoher politischer Funktionär, gründete 1949 zusammen mit dem Publizisten Paul Wiegler ein literarisches Zwei-Monatsmagazin, dessen Chefredaktion er Peter Huchel übertrug.

Der Name »Sinn und Form« erinnerte absichtsvoll an die von Thomas Mann inspirierte Exilzeitschrift »Maß und Wert«. Die Beiträge sollten dem entsprechen: im literarischen Niveau, in der linken Gesinnung und in dem Ziel, auch jenseits der Grenzen beachtet zu werden.

Veranstaltungsraum

Huchels Redaktion hat dies getreulich erfüllt. Bald freilich wurde der kulturpolitische Anspruch, den »Sinn und Form« vertrat, den DDR-Oberen unheimlich. Sie verlangten einen Kurswechsel, den Huchel verweigerte. Es kam zu öffentlichen Attacken auf ihn, 1962 musste er die Chefredaktion niederlegen. Fortan publizierte er nur mehr im deutschen Westen, und er stellte für sich und seine Familie den Antrag zur Ausreise aus der DDR.

1971 wurde sie ihm gewährt. Die neun Jahre davor waren für ihn schwer. Sein Haus wurde observiert, sein Archiv erhielt ungebetenen Besuch, sein kleiner Sohn wurde drangsaliert, immer wieder gab es öffentliche Angriffe auf seine Person. Im deutschen Westen wurde er mit Preisen geehrt, namhafte Autoren setzten sich für ihn ein, manche besuchten ihn, heimlich oder offen. Auch ein kleiner Kreis ostdeutscher Intellektueller hielt zu ihm. Der Sänger-Dichter Wolf Biermann verfasste das Lied »Ermutigung«, das Huchel direkt ansprach: »Du, lass dich nicht verhärten / in dieser harten Zeit«.

Nach seiner Ausreise lebte er zunächst in Rom, später im baden-württembergischen Stauffen. Er erhielt weitere Ehrungen, 1972 erschien sein letzter Gedichtband. 1981 ist er in Stauffen gestorben.

Sein Werk erschien in einer zweibändigen Gesamtausgabe. Mehrere Straßen wurden nach ihm benannt, so in Berlin-Marzahn und auch

Garten

in Wilhelmshorst. Zwei seiner einstigen Berliner Wohnadressen tragen Gedenktafeln.

DIE UMGEBUNG

Wilhelmshorst mit seinen reichlich dreitausend Einwohnern, seit 2003 Ortsteil von Michendorf, liegt am Fuß des Schönen Berges, der seinerseits Teil des Potsdamer Brauhausberges ist. Gegründet wurde die lange Zeit selbstständige Gemeinde 1907, im Zuge jener Gartenstadtbewegung, die, ursprünglich in England beheimatet, auch deutsche Regionen erfasste. Die Wilhelmshorster Villenkolonie bietet dafür ein architekturhistorisches Beispiel.

Wilhelmshorst entstand nahe der alten Siedlung Langerwisch, die heute gleichfalls zu Michendorf gehört; im Unterschied zu Wilhelmshorst ist sie eine vergleichsweise alte Gründung, die erste urkundliche Erwähnung stammt von 1285. Die beiden Ortsteile Alt- und Neu-Langerwisch existierten bereits im Hochmittelalter. Beide gehörten dem Brandenburger Domkapitel. Preußenkönig Friedrich II. ließ ein Gutshaus errichten, das heutige Alte Schloss. Langerwischs Ruhm sind seine Windmühlen, seine spätbarocke Dorfkirche und sein Blumenmarkt.

Die Großgemeinde Michendorf mit fast zwölftausend Einwohnern entstand in ihrer heutigen Gestalt 2003. Zusammengefügt wurde sie aus insgesamt sechs ursprünglich selbstständigen Dörfern und Gemeinden, von denen das alte Michendorf eine war. Auch hier geht die Gründung auf das Hochmittelalter zurück. Der einst markgräfliche Besitz wurde von der Vogtei Saarmund verwaltet.

Vorstufe zur Großgemeinde war das 1992 geschaffene Amt, zuständig für die hernach eingemeindeten Siedlungen. Infrastruktureller Vorzug Michendorfs ist die Nähe zu Potsdam und zur Autobahn. Erwähnenswert ist die schöne Fachwerkkirche von 1743.

ZITAT

Hier lief ich barfuß einst als Kind
und trug den braunen Kaffeekrug
zur Vesper im Lupinenwind.
Der Beifuß meine Füße schlug.

Hier hielt ich oft am Roggen Rast,
zog Blüten vom Akazienast,
die schmeckten wie der Juni wild.
(...)

»Am Beifußhang«

Märzmitternacht, sagte der Gärtner,
wir kamen vom Bahnhof
und sahen das Schlusslicht des späten Zuges
im Nebel erlöschen. Einer ging hinter uns,
wir sprachen vom Wetter.
Der Wind wirft Regen
aufs Eis der Teiche,
langsam dreht sich das Jahr ins Licht.
(...)

»Hubertusweg«

Es ist bitter, in meinem Alter emigrieren zu müssen. Dort bei Wilhelmshorst stand das Bauerngut meines Großvaters, wo ich meine Kindheit verbrachte. Ich habe die Landschaft verlassen und viele Freunde, die ich hier nicht mehr finden werde. Aber für mich war diese schändliche Isolierung unerträglich, die Art, wie man Menschen

Villenkolonie Wilhelmshorst

behandelte, wie man sie verwaltete. Und immer wieder kamen hohe Herren, im Ministerrang sogar, zu mir, und wenn ich mich beklagte, gingen sie darüber hinweg und versuchten, gemütlich zu plaudern. Diese Art stalinistischer Gemeinheit empörte mich. Und deshalb möchte ich auch nie zurückkehren.

Aus einem Interview 1972

ADRESSEN ZUR TOUR

Peter-Huchel-Haus
Hubertusweg 41
14552 Michendorf/Wilhelmshorst
Öffnungszeiten:
So 10–13 Uhr, 14 Uhr–17 Uhr

Villenkolonie Wilhelmshorst
Straße »An den Bergen«

Wanderweg
Rundwanderweg Wilhemshorst
8,46 km

Gasthaus & Pension »Forelle«
Dr.-Albert-Schweitzer-Straße 4a
14552 Michendorf
Telefon:033205-219898

Waldmops

Loriot und Brandenburg an der Havel

Denkmal

LITERATURTOUR KOMPAKT

Anreise: Bahn: RE1 Nach Magdeburg bus Brandeburg Hbf. Auto: A100, A115, A10 und A2, Abfahrt Kloster Lehnin, dann B102 bus Brandenburg an der Havel

Besichtigung: Dom St. Peter und Paul, Archäologisches Landesmuseum, im Paulikloster, Industriemuseum, Stadtmuseum Gedenkstätte Altes Zuchthaus, StraßenbahnmuseumHumboldthain, Psychiatriemuseum

Einkehrmöglichkeiten: Inspektorenhaus

Wander- und Radwege: Stadtrundweg Innenstadt, Von Wilhelmsdorf nach Kirchmöser, Rund um den Gördensee, Fontanerundweg in Plaue, Havel-Radweg, Radroute 7-Seen-Tour, Radroute »Beetzsee-Havel-Radweg«, Radroute »Storchenradweg«

Bademöglichkeiten: Strand am Grillendamm, Marienbad Brandenburg

Wassertourismus: NORDSTERN Reederei, Reederei Röding, Wassersportzentrum Alte Feuerwache, waterhus hausboote GmbH

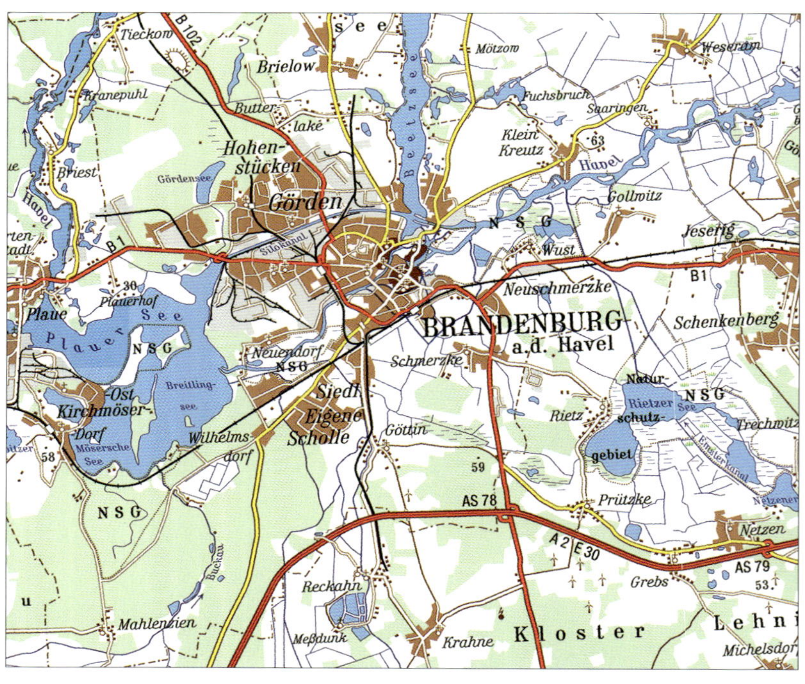

Ein Waldmops

DIE GEDENKSTÄTTEN

Die Stadt Brandenburg an der Havel erinnert an den hier geborenen Loriot – sein eigentlicher Name war Bernhard-Victor Christoph-Carl oder, abgekürzt, Vicco von Bülow – gleich mehrfach.

Zunächst gibt es da »Loriots Weg«. Er ist eine Erfindung des lokalen Vereins »Die Altstädter«, der sich 2012 eine Ausstellung einfallen ließ, die auf wichtige Loriot-Stationen in Brandenburg aufmerksam machen will. Das beginnt beim Gebäude der heutigen Fachhochschule und führt über Altstädter Rathaus und Dom bis zum Brandenburger Theater. Ein bei der Touristeninformation erhältlicher Flyer informiert über die Strecke.

Sodann gibt es das Waldmopszentrum. Es befindet sich im Humboldthain und wurde vom Bundesaußenminister eröffnet. Der wilde Waldmops ist eine Loriot-Erfindung: ein wild lebender Mopshund mit verkrüppeltem Elchgeweih, der im Norden Skandinaviens beheimatet, freilich vom Aussterben bedroht sei. Loriot mochte Möpse, wie schon sein bekanntester Ausspruch beweist: »Ein Leben ohne Mops ist möglich, aber sinnlos.«

Als sich seine Geburtsstadt Brandenburg entschloss, Loriot ein öffentliches Denkmal zu errichten, lobte der städtische Kulturverein ei-

Innenstadt

nen offenen Wettbewerb aus. Gewonnen hat ihn eine damals 23-jährige Innenarchitektur-Studentin, Clara Walter, mit ihrer Idee, den wilden Waldmops wiederzugeben. Die von ihr modellierten Tiere, derzeit sind es mehr als ein Dutzend, wurden in Bronze gegossen, sind etwa fünfzig Zentimeter hoch und zeigen verschiedene Haltungen: liegend oder stehend, schnüffelnd oder pinkelnd. Ein zugehöriger bronzener Sockel trägt keine Statue, sondern Loriots Fußabdruck.

DER SCHRIFTSTELLER

Vicco von Bülow wurde 1923 in Brandenburg geboren, als Sohn eines Polizeileutnants. Aufgewachsen ist er in Berlin, wo er das Gymnasium besuchte, anschließend begann er, der Familientradition folgend, eine Offizierslaufbahn. Später kommentierte er das so: Des schauerlichen deutschen Beitrags zur Weltgeschichte werde er sich schämen bis an sein Lebensende.

Nach dem Kriegsende studierte er an der Landeskunstschule Hamburg. Er begann als Werbegrafiker zu arbeiten und war von 1950 an Zeichner von Karikaturen und Cartoons.

Der Name Bülow ist niederdeutschen Ursprungs. Das Wort benennt den Vogel Pirol, den die Familie auch im Wappen führt. Sein französische Name ist Loriot, den Vicco von Bülow zu seinem Pseudonym erkor.

Havelufer

Er zeichnete für verschiedene Zeitschriften und wurde rasch bekannt. Sein Markenzeichen waren Leute mit auffälligen Knollennasen, was die Wiedererkennbarkeit von Personen der Zeitgeschichte, Politikern etwa, keinesfalls ausschloss. Die Zeichnung blieb nicht das einzige künstlerische Genre, in dem sich Loriot betätigte. Bereits als Schüler stand er als Statist auf er Bühne, nach dem Krieg spielte er kleine Filmrollen, und ab 1967 trat er im Fernsehen auf, zunächst als Moderator, dann auch als Darsteller in Sketchen, deren Texte er selbst schrieb und inszenierte. Dies machte ihn endgültig populär. Er verfasste die Drehbücher zu zwei Spielfilmen, in denen er Regie führte und jeweils die Hauptrolle übernahm. Außerdem war er ein vorzüglicher Opernkenner und hat auch für das Musiktheater inszeniert.

Seine literarischen Arbeiten wie auch seine Zeichnungen erschienen in Büchern. Es handelt sich um Vorträge und, vor allem, um die Texte zu den Sketchen. Die Inhalte bewegen sich zwischen gehobenem Nonsense und ironiegesättigter Zivilisationskritik. Der renommierte Kritiker Joachim Kaiser, den er einmal ausführlich parodiert hat, rühmt ihn nach, er sei sehr vergnüglich zu lesen, und er, Kaiser, habe feststellen können, »wie enorm gut Loriot, der Schriftsteller« sei. Ein anderer Essayist, Christoph Stölzl, greift noch höher: »Wenn man die Geschichte unseres Landes nach dem Zweiten Weltkrieg schreiben wird, kann

Kirche St. Johannis, Denkmalsanlage für Loriot, noch ein Waldmops

man getrost auf die Tonnen bedruckten Papiers der Sozialforscher verzichten und sich Loriots gesammelten Werken zuwenden: Das sind wir, in Glanz und Elend.«

Gelebt hat Loriot die letzten Jahrzehnte am Starnberger See, wo er 2011 auch starb. Seiner Geburtsstadt hat er eine Stiftung zukommen lassen, die, ebenso wie eine örtliche Schule, nach Vicco von Bülow heißt.

DIE UMGEBUNG

Der Name Brandenburg ist alt. Er kommt bereits in einer Urkunde des 10. Jahrhunderts vor und benennt dort einen Bischofssitz. Man vermutet, die erste Worthälfte geht auf das slawische brenda zurück, was Morast bedeutet. Den Ortsnamen übernahm die von Albrecht dem Bären eroberte und verwaltete Mark, kurfürstliche Residenz war die Stadt früher als Berlin, dessen Größe und Bedeutung dann aber ständig wuchsen, während Brandenburg sich mit der Gerberei und der Lederverarbeitung, später mit einer Stahlproduktion begnügte.

Ältestes Territorium ist der Dom, der sich auf einer Havelinsel erhebt. Die Christianisierung begann unter Heinrich I., dem ostfränkisch-deutschen König aus sächsischem Haus, sie hielt zunächst nicht lange und setzte sich erst Mitte des 12. Jahrhunderts endgültig durch. Wie bei

Altstadtstraße

hochmittelalterlichen Siedlungen häufig gründete sich eine Neustadt, die erst relativ spät mit der Altstadt vereinigt wurde.

Der Dom erhielt 1165 seine Fundamentweihe. Als Baumaterial diente Backstein, der Stil war spätromanisch, was sich in der Krypta erhalten hat. Der gotische Umbau setzte um 1300 ein, sein Ende fiel zusammen mit der Reformation, die auch das Ende des römisch-katholischen Bistums Brandenburg brachte. Der Dom wurde evangelisches Gotteshaus. Um ihn herum reihen sich Gebäude aus mehreren Jahrhunderten. Die gesamte Anlage ist von beeindruckender Anmut.

Einer der Dompröbste war Henry oder Heinrich de la Motte-Fouqué, Spross einer normannischen Adelsfamilie. Sein Enkel mit Vornamen Friedrich wurde in Brandenburg an der Havel geboren und wuchs hier auf. Er erdachte die populäre romantische Märchenerzählung von der Wasserjungfrau Undine, deren Milieu wohl die hiesige Seenlandschaft wiedergibt.

Die Altstadt hat ein schönes backsteingotisches Rathaus, davor steht die mittelalterliche Statue eines Roland, ihr Platz war ursprünglich der Neustädter Markt. Es existieren noch andere bauhistorisch bedeutsame Architekturen, so der Steintorturm, der Rathenower Torturm, etliche alte Bürgerhäuser und das Paulikloster. In Letzterem befindet sich das Archäologische Landesmuseum. Andere Museen sind das an zwei Ad-

Dom St. Peter und Paul, Altstadthaus, Domkiez

ressen untergebrachte Stadtmuseum, das im aufgelassenen Stahlwerk eingerichtete Industriemuseum und der Museumshafen an der Havel.

ZITAT

Als ersten verbürgten Eindruck meines Lebens empfing ich den Blick auf eine rötliche Kasernenwand, deren wilhelminisch dekorativ geziegelte Oberfläche zunächst dem Auge, später auch dem Griff des schwankenden Kleinkindes Zuversicht und Stütze bot. Das geschah in der Stadt Brandenburg. Seither verschwimmen in meiner Erinnerung altväterliche Kasernenbauten und die mütterliche Brust zu einem harmonischen Ganzen.

Ich war als Säugling des Jahrgangs 1923 ein Produkt der Inflation mit vordergründigem Interesse für Geld und Besitz.

Wie soll auch ein Säugling geistige Maßstäbe entwickeln, nach denen es sich zu leben lohnt, wenn seine Strampelhosen Milliarden gekostet haben! Eine zur Gewohnheit werdende Überschätzung materieller Werte drohte mein Leben zu ruinieren.

Loriot: »Alter Mann«

Domquartier

Es mögen nun wohl schon viele hundert Jahre her sein, da gab es einmal einen alten guten Fischer, der saß eines schönen Abends vor der Tür und flickte seine Netze. Er wohnte aber in einer überaus anmutigen Gegend. Der grüne Boden, worauf seine Hütte gebaut war, streckte sich weit in einen großen Landsee hinaus, und es schien ebensowohl, die Erdzunge habe sich aus Liebe zu der bläulich klaren, wunderhellen Flut in diese hineingedrängt, als auch, das Wasser habe mit verliebten Armen nach der schönen Aue gegriffen, nach ihren hochschwankenden Gräsern und Blumen und nach dem erquicklichen Schatten ihrer Bäume.

Friedrich de la Motte-Fouqué: »Undine«

An der Havel

ADRESSEN ZUR TOUR

Dom St. Peter und Paul

Burghof 1
14776 Brandenburg an der Havel

Öffnungszeiten:
So 12–17 Uhr, Mo–Sa 10–17 Uhr, Führungen möglich

Archäologisches Landesmuseum im Paulikloster

10.000 Fundstücke aus 50.000 Jahren menschlicher Kulturentwicklung.
Neustädtische Heidestraße 28
14776 Brandenburg an der Havel
Öffnungszeiten: Di–So 10–17 Uhr
Eintrittspreise: 5 €, erm. 3,50 €, Familien 10 €, Kinder bis 10 J. frei.
Zusätzlich Führungen und Gruppenkarten möglich

Industriemuseum

Zeigt die Geschichte der Stahlproduktion und -verarbeitung. Entstand um den letzten Siemens-Martin-Ofen
August-Sonntag-Straße 5
14770 Brandenburg an der Havel

Öffnungszeiten:
Di–So 10–17 Uhr
(Nov. bis Febr. bis 16 Uhr)
Eintrittspreise: 5 €, erm. 3 €. Audio-Guide 2 €.
Führungen mit Voranmeldung möglich

Stadtmuseum

Zweigeteiltes Museum
Zeigt Stadtansichten von 1900–1989 und die Spielzeugindustrie Brandenburgs in der DDR-Zeit sowie Ausstellung über die Havelschifffahrt.
Ritterstraße 96, 14770 Brandenburg an der Havel und Steintorturm, Steinstraße, 14776 Brandenburg an der Havel

Öffnungszeiten:
Di–So 13–17 Uhr
Eintrittspreise: 3 €, erm. 1,50 €, Kinder frei. Zusätzlich Familien-, Gruppenkarten, sowie Führungen (nach Voranmeldung) möglich

Gedenkstätte Altes Zuchthaus
Ehemaliges Armenhaus, Gefängnis, KZ und Tötungslager.
Jetzt Gedenkstätte für die Opfer der Euthanasie-Morde
Nicolaiplatz 28
14770 Brandenburg an der Havel
Öffnungszeiten:
Do u. Fr 13–17 Uhr, Sa u. So 10–17 Uhr

Straßenbahnmuseum
Geschichte der Tram in Brandenburg
Bauhofstraße 2
(altes Straßenbahndepot)
14776 Brandenburg an der Havel
Öffnungszeiten: Do u. Sa 10–16 Uhr
Eintrittspreise: 1 €, Kinder ab 6 Jahren 0,50 €. Gruppen (ab 5 Personen): 0,50 € pro Person

Humboldthain
Trocken gelegter Doppelbefestigungsgraben, jetzt Park mit besonderen Bäumen. Führt entlang der mittelalterlichen Stadtmauer vom Plauer Torturm zum Salzhofufer

Psychiatriemuseum
Fundusausstellung des Asklepios Fachklinikums Brandenburg,
mit Dauerausstellung über die NS-Psychiatrie
Anton-Saefkow-Allee 2
14772 Brandenburg, Haus 23
Öffnungszeiten: Di, Do und
jedes 2. und 4. WE im Monat
Sa u. So 10–16 Uhr
Führungen nach telefonischer Voranmeldung

Inspektorenhaus
Restaurant und Kaffee
Altstädtischer Markt 9
14770 Brandenburg an der Havel
Tel. 03381-3282139
info@inspektorenhaus.de
www. inspektorenhaus.de

NORDSTERN Reederei
Neuendorfer Straße 70
14770 Brandenburg / Havel
Telefon: 03381-226960
Mobil: 0172-3117868
Mail: info@nordstern-reederei.de
www.nordstern-reederei.de

Reederei Röding
Luckenberger Str. 15
14770 Brandenburg an der Havel
Tel. 03381-79 54 848
Mobil 0173-86 56 146
info@fgs-havelfee.de
www.fgs-havelfee.de

Wassersportzentrum Alte Feuerwache
Franz - Ziegler - Str. 28
14776 Brandenburg an der Havel

waterhus hausboote GmbH
Veilchenweg 136
14772 Brandenburg an der Havel
Telefon: 03381 403317

Strand am Grillendamm
Grillendamm
14776 Brandenburg an der Havel

Marienbad Brandenburg
Sprengelstraße 1
14770 Brandenburg an der Havel
Telefon: 03381-3 22 78-0
kontakt@marienbad-brandenburg.de
www.marienbad-brandenburg.de

Hier war es ruhig

Kurt Tucholsky und Rheinsberg

Schloss Rheinsberg

LITERATURTOUR KOMPAKT

Anreise: Bahn: von Berlin-Spandau RE6 Richtung Wittenberge bis Neuruppin Bhf. Rheinsberger Tor, Umstieg in Bus nach Rheinsberg
Auto: A10, A24, Ausfahrt 22 nach Neuruppin, B167 folgen, , L16, ab Gühlen-Glienicke K6812, ab Zühlen Zühlicher Chaussee, Parkstraße bis Schloßstraße in Rheinsberg

Besichtigung: Schloss Rheinsberg und • Tucholsky-Museum, Schlosspark, Keramikmuseum Rheinsberg

Einkehrmöglichkeiten: Restaurant »Zum Alten Fritz«, Ristorante Pane e Vino

Wander- und Radwege: Ruppiner-Land-Rundwanderweg , Radweg Schriftstellertour, Radweg durch die Ruppiner Schweiz, Havel-Radweg

Bademöglichkeiten: Badestelle Großer Zechliner See, Kagar, Badestrand am Rheinsberger See

Wassertourismus: BergerTours-Rheinsberger, Adventure Tours

Ausstellungsraum

DIE GEDENKSTÄTTE

Das Tucholsky-Literaturmuseum befindet sich im linken Flügel des Rheinsberger Schlosses. In mehreren Räumen werden Leben und das Werk des im schwedischen Exil verstorbenen Publizisten und Schriftstellers vorgestellt. Aus Schweden kam auch eines der Exponate: Tucholskys letzter Schreibtisch, an dem vornehmlich bloß noch Briefe entstanden und Notizen für das vom Autor sogenannte Sudelbuch. Bei den anderen Originalen, die zu sehen sind, handelt es sich um eine Leselupe, um die Totenmaske, um Erstausgaben von Büchern, um Autografen, Fotografien, Programmhefte. Wie bei anderen Exilanten der Hitler-Jahre ist der materielle Nachlass vergleichsweise zufällig und bescheiden, angesichts einer lebenslang unsteten Existenz ist er es ohnehin. Rheinsberg bietet deswegen auch Reproduktionen und Spielfilmszenen.

Bei Letzteren handelt es sich um die Adaption der Liebesgeschichte »Rheinsberg«, die es überhaupt angezeigt sein ließ, ein Tucholsky-Museum an eben diesem Ort einzurichten. Denn die persönliche Beziehung des Autors zu Rheinsberg erschöpft sich in einem einzigen Sommerbesuch, zusammen mit der Verlobten Else Weill, worüber er kurz darauf seinen Prosa-Text verfasste. Das Buch mit dem Titel »Rheinsberg« wurde gleich ein großer Erfolg und blieb populär bis zum heutigen Tag. Wahrscheinlich ist es immer noch Tucholskys bekanntester Text.

Tucholskys Schreibtisch

Das Rheinsberger Tucholsky-Museum wird im Blaubuch der Bundesregierung geführt. Halbjährlich wird ein Stadtschreiber-Stipendium vergeben. In den Museumsräumen finden Sonderausstellungen und Lesungen statt. Durch Einbindung in die übrigen Aktivitäten des Schlosses zieht das Museum, zumal während der Sommermonate, viele Besucher an.

DER SCHRIFTSTELLER

Kurt Tucholsky ist nicht alt geworden, er starb mit fünfundvierzig Jahren. Weniger als die Hälfte dieser Zeit war er als Autor aktiv, dabei war seine Produktivität ganz außerordentlich. Eine Gesamtausgabe seiner Schriften umfasst zehn umfängliche Bände mit Versen und Prosa, Erzählendem, Essayistischem und szenischen Texten.

Geboren wurde Kurt Tucholsky 1890 in Berlin. Sein Vater war ein jüdischer Bankkaufmann, einige Jahre verbrachte die Familie in Stettin. Schon als siebzehnjähriger Gymnasiast begann der junge Kurt zu veröffentlichen, sein erster Text, ein ironisches Märchen, erschien in einem Satire-Blatt. Er belegte an der Berliner Universität Rechtswissenschaften; »Rheinsberg«, mit dem Untertitel »Ein Bilderbuch für Verliebte«, kam 1912 heraus. Die Erstausgabe war illustriert, der Zeichner hieß Kurt Szafranski.

Porträtbüste, Tucholsky-Gesamtausgabe, Exponate

1914 wurde Tucholsky Soldat. Angewidert von allem militärischen Geschehen, war er bald ein überzeugter Pazifist. Nach seiner Heimkehr begann er eine vielfältige Tätigkeit als Publizist und als Autor fürs Kabarett, sein wichtigstes Medium wurde das Wochenblatt »Die Weltbühne«, das er zeitweise auch leitete.

Er besaß ein genaues Ohr fürs Berlinische und wusste das vorzüglich wiederzugeben, in Versen und in Prosa. Dabei mochte er die deutsche Hauptstadt nicht sonderlich, er bevorzugte Paris, wo er eine Zeitlang auch lebte. Er hat andere Reisen unternommen und darüber geschrieben, bekanntes Beispiel ist sein »Pyrenäenbuch«. Er benutzte insgesamt vier Pseudonyme: Peter Panter, Theobald Tiger, Ignaz Wrobel und Kaspar Hauser.

Den Erfolg von »Rheinsberg« versuchte er zu wiederholen mit einer ähnlich gearteten Liebesgeschichte, »Schloss Gripsholm«. Sie spielt in Schweden, der Held hat zwei Freundinnen, mit denen er gleichzeitig ins Bett geht. Der Autor unterhielt seinerseits zahlreiche Liebschaften, eine, Lisa Matthias, die als Lottchen in seinen Feuilletons vorkommt, hat sich öffentlich damit gebrüstet.

Tucholsky schrieb über Jüdisches und dies nicht immer gnädig. Die von ihm erfundene Figur Wendriner, ein ungebildeter und schmieriger Emporkömmling, sehen manche Interpreten als ein Beispiel jüdischen

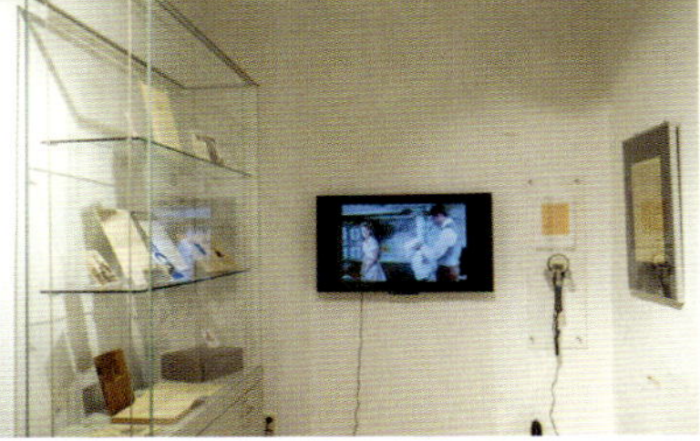

Eingang zur Ausstellung, Fan-Artikel, Videostation

Selbsthasses. Politisch stand Tucholsky fast immer auf Seiten der radikalen Linken. Kommunist war er nie, eingeschriebener Sozialdemokrat bloß für kurze Zeit.

Als er vor Adolf Hitler nach Schweden floh, war er nicht mehr gesund. Er litt an Depressionen, an Magenbeschwerden, publiziert hat er nicht mehr. Zuletzt lebte er nahe Schloss Gripsholm, die Urne mit seiner Asche wurde auf dem Friedhof des Ortes Mariefred beigesetzt. Seine Grabplatte zeigt ein Goethe-Zitat: »Alles Vergängliche ist nur ein Gleichnis«. Er selbst hatte dafür einst einen anderen Spruch vorgesehen: »Hier liegt ein goldenes Herz und eine eiserne Schnauze. Gute Nacht!«

DIE UMGEBUNG

Rheinsberg ist eine Stadt im märkischen Landkreis Ostprignitz-Ruppin. Sie liegt in einem Seengebiet, umgeben von einer bewaldeten Hügellandschaft. Die Stadt umfasst insgesamt siebzehn Ortsteile.

Die Anfänge einer Besiedlung reichen weit zurück in vorchristlich-westslawische Zeiten. Die städtische Entwicklung hing stets eng zusammen mit der Entstehung und der Existenz des Schlosses. Ursprünglich ein Renaissancebau, wurde es nach einem Großbrand, der auch Teile der Stadt erfasste, im 18. Jahrhundert neu errichtet.

Blickachse zum Obelisken

Die Architekten hießen Johann Gottfried Kemmeter und Georg Wenzeslaus von Knobelsdorff, Bauherren waren Preußenkönig Friedrich Wilhelm I. und dessen ältester Sohn, der spätere König Friedrich. Der lebte hier vor seiner Inthronisation, der Vater hatte ihm das Schloss zum Geschenk gemacht. Die junge Ehefrau wurde in separaten Räumen untergebracht, während der Kronprinz selber einen Kreis von Höflingen und Gelehrten um sich scharte. Er nannte dies später seine glücklichste Zeit. Auf Schloss Rheinsberg entstand eine seiner Schriften, der französisch verfasste »Antimacchiavell«, ein Text des aufgeklärten Moralismus. Kaum König geworden, hat er radikal dagegen verstoßen.

Nächster Bewohner von Schloss Rheinsbergs war Friedrichs jüngerer Bruder Heinrich, ein hochbegabter Mann, der die musischen Traditionen des Königs fortsetzte. Er sammelte Bilder, veranlasste Musik- und Theateraufführungen, die teils im Schloss, teils auf der Naturbühne des Barockgartens stattfanden. Die Brüder gaben Schloss und Park ihre bleibende Gestalt. Heinrich starb 1802, seine letzte Ruhestätte ist eine auf sein Geheiß errichtete Gruft.

Danach stand das Schloss überwiegend leer und wurde zu einer nur mäßig gepflegten musealen Einrichtung, Theodor Fontane hat das in seinen »Wanderungen durch die Mark Brandenburg« beschrieben, und auch Tucholsky hat es noch so erlebt. Zu Zeiten der DDR war eine Diabetikerklinik hier untergebracht, die umfänglichen Restaurierungsarbeiten begannen erst nach der deutschen Wiedervereinigung.

Heute ist Schloss Rheinsberg einer der schönsten, einer der besterhaltenen Feudalbauten in der Mark Brandenburg. Dies gilt gleichermaßen für das Äußere wie für die Gestaltung der Innenräume. Es gilt für die angrenzenden Gebäude und den teils im barocken, teils im englischen Stil gehaltenen Parkgarten rund um das Südufer des Grienericksees.

In einem der Kavaliershäuser ist die Musikakademie Rheinsberg untergebracht. Während der Sommer spielt die Rheinsberger Kammeroper, die Aufführungen finden teils im Schlosstheater, teils im Park statt.

Die seit der Gründung einer Steingutmanufaktur im Jahr 1762 bestehende Keramiktradition wird in einem eigenen Museum dokumentiert. Regelmäßig richtet die Stadt kulturelle Veranstaltungen mit Behinderten aus. Auf den im Hafen ankernden Touristenschiffen werden Seenrundfahrten angeboten.

ZITAT

Da war der Marktplatz, der mit alten, sehr niedrigen Bäumen bepflanzt war, schattig und still lag er da. Sie schritten durch ein schmiedeeisernes Tor in den Park. Hier war es ruhig. In dem einfachen weißen Bau des Schlosses klopfte ein Handwerker. Sie gingen durch den Hof wieder in den Park, wieder in die Stille …

(…)

Wie alle Großstädter bewunderten sie maßlos einen einfachen Strauch, überschätzten seine Schönheit und ohne das Praktische aller sie umgebenden ländlichen Verhältnisse zu ahnen, sahen sie die Dinge vielleicht ebenso einseitig an, wie der Bauer – nur von der andern Seite. Nun, hier in Rheinsberg erforderten die Gegenstände nicht allzu viel praktische Kenntnis, man war ja nicht auf einem Gut, das bewirtschaftet werden sollte.

»Rheinsberg«

Gewiss: das Spiel ist etwas alt.
Ich weiß, dass zwischen Spree und Elbe
das Dramolett ja stets dasselbe,
doch denk ich alle, alle Male:
entfern ich diesmal nur die Schale –
was wird sich deinen Blicken zeigen?
Was ist, wenn diese Lippen schweigen?
Nur diesmal greifts mich mit Gewalt ..
(Gewiss: das Spiel ist etwas alt.)

»Mikrokosmos«

ADRESSEN ZUR TOUR

Schloss Rheinsberg und Tucholsky-Museum
Lesungen und Sonderausstellungen (Kunst- und Fotogalerie)
Schloss Rheinsberg
Mühlenstraße 1
16831 Rheinsberg
Öffnungszeiten: Apr. bis Okt.: Di bis So 10 – 17:30 Uhr; Nov. bis März: Di bis So 10 – 16:30 Uhr
Eintrittspreise: Schloss: 8 €, erm. 6 €. Mit Führung oder Audioguide
Museum: 4 €, erm. 3 €, Familien 8 €, Schulklassen pro Person 1 €. Zusätzlich Sonder-, Gruppenkarten und Führungen möglich

Keramikmuseum Rheinsberg
Geschichte der erfolgreichen Keramikmanufaktur. Mit audio-visueller Show zu bekannten Persönlichkeiten
Am Kirchplatz 1, 16831 Rheinsberg
Öffnungszeiten: Apr. bis Okt.: 10–18 Uhr (Sa 12–16 Uhr, Di geschlossen), Nov., Dez., Febr., März: 12–17 Uhr (Sa 10–17 Uhr)

BergerTours
Kanutouristik
Am Hellsee 2
16831 Rheinsberg
Telefon: 033931-2042
mobil 0171-83 95 1[illegible]2
bergertours@web.de

Rheinsberger Adventure Tours
www.rheinsberg-kanu.de
Telefon: 033931-343 948
boots-franck@rhintour.de
Der Bootsverleih befindet sich in der Parkstraße in
16831 Rheinsberg
an der Obermühle

Restaurant »Zum Alten Fritz«
Schlossstraße 11
16831 Rheinsberg
Telefon: 033931-2086
info@alterfritz-rheinsberg.de
www.alterfritz-rheinsberg.de

Ristorante Pane e Vino
Berliner Straße 2
16831 Rheinsberg
Telefon: 033931-189765

A24
E26
A19
E55
Uckerm
Havel
17
Perleberg
Prignitz
1
Neuruppin
Elbe
Ruppiner See
A24
E26
Oranienburg
2
A11
E28
E55
A10
Rathenow
Falkensee
Berlin
Havelland
E55
Havel
14
A115
Brandenburg
Potsdam
16
15
A10
E30
A2
13
A9
A13
E51
Jüterbog
Fläming
12
Herzberg
Schwarze Elster
Nied
Elsterwerd

1 Das Leben gleicht einem Gastmahl 10
Theodor Fontane und Neuruppin
2 Neue Erde aus alter Kruste 20
Friedrich Wolf und Lehnitz
3 Schlecht beschirmt von Büchern 30
Bertolt Brecht und Buckow
4 Mann des Krieges, Mann des Friedens 40
Bad Freienwalde und Walther Rathenau
5 Des Künstlers Meißel 50
Heinrich von Kleist und Frankfurt/Oder
6 Wanderungen und Beobachtungen 62
Gerhart Hauptmann und Erkner
7 Moralische Instanz 72
Franz Fühmann und Märkisch-Buchholz
8 Finanzielle Verlegenheit 80
Fürst Pückler und Branitz
9 Glaube und Dichtung 90
Paul Gerhardt und Lübben
10 In der Sandheide 98
Erwin Strittmatter und Bohsdorf
11 Cowanj heißt Traum 108
Mina Witkojc und Burg (Spreewald)
12 Ein schreibendes Ehepaar 118
Achim von Arnim, Bettina von Arnim und Wiepersdorf
13 Vogel ohne Flügel 128
Roger Loewig und Bad Belzig
14 Das Versailles von Berlin 38
Schriftsteller und Potsdam
15 Langsam dreht sich das Jahr ins Licht 156
Peter Huchel und Wilhelmshorst
16 Waldmops 166
Loriot und Brandenburg an der Havel
17 Hier war es ruhig 178
Kurt Tucholsky und Rheinsberg

Quellenverzeichnis

Bettina von Arnim: *Werke*. Aufbau Verlag, Berlin 1989

Achim von Arnim: *Werke*. Aufbau Verlag, Berlin 1981

Bertolt Brecht: *Werke in sechs Bänden*, Bd. 5, *Gedichte*. Suhrkamp Verlag, Frankfurt/Main 1997

Theodor Fontane: *Werke, Schriften und Briefe*. Hanser Verlag, München 1962

Friedrich II. von Preussen: *Schriften und Briefe*. Reclam Verlag, Leipzig 1987

Gerhart Hauptmann: *Ausgewählte Werke*. Aufbau Verlag, Berlin 1962

Heinrich Heine: *Sämtliche Schriften*. Hanser Verlag, München 1971

Georg Hermann: *Spaziergang in Potsdam*. Verlag Das Neue Berlin 1985

Peter Huchel: *Gesammelte Werke*, 2 Bde. Suhrkamp Verlag, Frankfurt/Main 1984

Sarah Kirsch: *Rückenwind*. Langewiesche-Brandt Verlag, Ebenhausen bei München 1977

Heinrich von Kleist: *Sämtliche Werke und Briefe*. Hanser Verlag, München 1977

Roger Loewig: *Gedichte*. Rechte bei: Roger Loewig Gesellschaft e. V., Berlin

Loriot: *Gesammelte Prosa*. Diogenes Verlag, Zürich 2006

Friedrich de la Motte Fouqué: *Undine*. Reclam Verlag, Stuttgart 1989

Fürst Hermann von Pückler-Muskau: *Ausgewählte Werke*. Ullstein Verlag, Berlin 1998

Walther Rathenau: *Schriften und Reden*. S. Fischer Verlag, Frankfurt/Main 1964

Georg Friedrich Rebmann: *Kreuzzüge durch einen Teil von Deutschland*. F. A. Brockhaus Verlag, Leipzig 1990

Ludwig Rellstab: *Gesammelte Schriften*. Brockhaus Verlag, Leipzig 1846

Erwin Strittmatter: *Der Laden*. Roman. Aufbau Verlag, Berlin 2009

Kurt Tucholsky: *Gesammelte Werke*. Rowohlt Verlag, Reinbek 1993

Voltaire: *Korrespondenz aus den Jahren 1749 bis 1760*. Reclam Verlag, Leipzig 1978

Mina Witcojc: *Echo aus dem Spreewald*. Domowina-Verlag, Bautzen 2001 (Sorbisches Original: Serbski Institut, Cottbus)

Christa Wolf/Franz Fühmann: *Monsieur – wir finden uns wieder, Briefe 1968–1984*. Aufbau Verlag, Berlin 1995

Friedrich Wolf: *Thomas Müntzer*. In: *Gesammelte Dramen*, Bd. 5. Aufbau Verlag, Berlin 1955

Abbildungen

Alle Fotos im Buch, auch auf dem Umschlag, stammen von Therese Schneider.
Karten: GeoBasis-DE / BKG 2013 (Kartenbearbeitung: Therese Schneider)

Autoren

Rolf Schneider, geboren 1932 in Chemnitz, ist freier Schriftsteller und Publizist. Er verfasste zahlreiche Romane, Bühnenstücke, Essays und Sachbücher, die in über 20 Sprachen übersetzt wurden. Zuletzt erschienen u. a. der Roman »Marienbrücke « (2009) und die Sachbücher »Das Mittelalter« (2010) sowie im be.bra verlag »Ritter, Ketzer, Handelsleute« (2012). Rolf Schneider wurde ausgezeichnet mit dem Lessing-Preis der DDR, dem Hörspielpreis der Kriegsblinden sowie mit dem Bundesverdienstkreuz 1. Klasse. Er lebt in Schöneiche bei Berlin. Zuletzt erschienen von ihm »Die Bölschestraße« und »Erfurt. Ein Spaziergang durch Geschichte und Gegenwart«.

Therese Schneider, geboren 1963, studierte nach ihrer Ausbildung zur Buchbinderin an der Burg Giebichenstein, Hochschule für Kunst und Design Halle/Saale, und der Kunsthochschule Berlin-Weißensee. Therese Schneider lebt und arbeitet als selbstständige Buchgestalterin und Grafikerin in Berlin. Im be.bra verlag gestaltete sie mehrere Bücher ihres Vaters Rolf Schneider, u. a. »Fürst Pückler in Branitz«, »Potsdam« und »Rheinsberg«.

Danksagung

Die Autoren bedanken sich bei den Gedenkstätten und Museen für Auskunft, Unterstützung und die Erlaubnis zu fotografischen Aufnahmen. Sie bedanken sich bei Emil Seipelt für seine Mitarbeit.